联合国语言政策规范文件汇编

方小兵·编译

南京大学出版社

图书在版编目(CIP)数据

联合国语言政策规范文件汇编 / 方小兵编译. —南京:南京大学出版社,2023.3
ISBN 978-7-305-26413-9

Ⅰ.①联… Ⅱ.①方… Ⅲ.①语言政策—文件—汇编—世界 Ⅳ.①H002

中国国家版本馆 CIP 数据核字(2023)第 017323 号

出版发行	南京大学出版社
社　　址	南京市汉口路 22 号　　邮　编 210093
出 版 人	金鑫荣

书　　名	联合国语言政策规范文件汇编
编　　译	方小兵
责任编辑	荣卫红　　　　编辑热线 025-83685720
照　　排	南京开卷文化传媒有限公司
印　　刷	常州市武进第三印刷有限公司
开　　本	787 mm×960 mm　1/16　印张 14.75　字数 234 千
版　　次	2023 年 3 月第 1 版　2023 年 3 月第 1 次印刷
ISBN 978-7-305-26413-9	
定　　价	66.00 元

网　　址:http://www.njupco.com
官方微博:http://weibo.com/njupco
微信服务号:njuyuexue
销售咨询热线:(025)83594756

* 版权所有,侵权必究
* 凡购买南大版图书,如有印装质量问题,请与所购
　图书销售部门联系调换

编写说明

本书中的联合国指的是联合国系统。根据联合国官方网站,联合国系统包括联合国自身以及被称为方案、基金和专门机构的多个附属组织。这些组织有各自的工作领域、领导层和预算。联合国各方案和基金通过自愿捐助而非分摊会费获得资金。各专门机构是独立的国际组织,并通过自愿捐助和分摊会费获得资金。联合国协调联合国系统内各个实体的工作,各实体配合联合国行动以达成其目标。

其中,属于联合国自身的机构有六个:大会、安全理事会、经济及社会理事会、托管理事会、国际法院和秘书处,均于1945年联合国成立时根据《联合国宪章》设立。

隶属于联合国的方案和基金有六个:联合国开发计划署(总部:美国纽约)、联合国环境规划署(总部:肯尼亚内罗毕)、联合国人口基金(总部:美国纽约)、联合国人居署(总部:肯尼亚内罗毕)、联合国儿童基金会(总部:美国纽约)、世界粮食计划署(总部:意大利罗马)。

联合国专门机构是通过谈判订立协定与联合国共事的自治组织,共有十五个:联合国粮食及农业组织(总部:意大利罗马),国际民用航空组织(总部:加拿大蒙特利尔),国际农业发展基金(总部:意大利罗马),国际劳工组织(总部:瑞士日内瓦),国际货币基金组织(总部:美国华盛顿),国际海事组织(总部:英国伦敦),国际电信联盟(总部:瑞士日内瓦),联合国教育、科学及文化组织(总部:法国巴黎),联合国工业发展组织(总部:奥地利维也纳),世界旅游组织(总部:西班牙马德里),万国邮政联盟(总部:瑞士伯尔尼),世界卫生组织(总部:瑞士日内瓦),世界知识产权组织(总部:瑞士日内瓦),世界气象组织(总部:瑞士日内瓦),世界银行(总部:美国华盛顿)。

此外,联合国系统还有一些相关组织,如国际原子能机构、国际移民组织、世界贸易组织、禁止化学武器组织,等等。

联合国自成立以来,发布了大量与语言问题相关的文件,许多已经成为国际准则性文书,成为各成员国制定国内语言政策的指导规范;同时,联合国还开展了大量与语言相关的活动,包括促进语言平等、审查系统内部各组织多语使用实况、规范内部语言使用、重视语言信息技术应用、应对系统内外部语言竞争等,形成了当今联合国内部的语言机制。

保障语言权利,倡导文化多样性和促进语言平等,一直是联合国系统的核心理念和语言实践。联合国发布了多种公约和宣言,提出了一系列语言理念,涉及公民、儿童、少数民族、妇女、移民等群体的语言权利,并设立了各类语言纪念活动。具体措施包括以下几个方面。

第一,发布各类公约、宣言,倡导文化多样性和语言平等。1989年,第三十四届联合国大会通过《儿童权利公约》,要求儿童权利"不因儿童或其父母或法定监护人的种族、肤色、性别、语言、宗教、政治或其他见解、民族、族裔或社会出身、财产、伤残、出生或其他身份而有任何差别"。1993年,联合国大会通过《民族或族裔、宗教和语言上的少数群体人权宣言》,呼吁各国"在各自领土内保护少数群体的存在及其民族或族裔、文化、宗教和语言上的特征"。1999年,联合国通过《和平文化宣言》,提出"增进所有文明、民族与文化之间,包括对在族裔、宗教和语言上属于少数的群体的理解、容忍和团结"。2001年,联合国通过《世界文化多样性宣言》,指出"每个人都应当能够用其选择的语言,特别是用自己的母语来表达思想、进行创作和传播作品"。2008年,联合国通过《经济、社会、文化权利国际公约任择议定书》,指出"人人有资格享受《宣言》所载的一切权利和自由,不分种族、肤色、性别、语言、宗教、政治或其他意见、民族本源或社会出身、财产、血统或其他身份等任何区别"。2015年,联合国发布《变革我们的世界:2030年可持续发展议程》,强调"尊重、保护和促进所有人的人权和基本自由,不分其种族、肤色、性别、语言、宗教、政治或其他见解、国籍或社会出身、财产、血统、残疾或其他身份等任何区别"。

第二,设立"国际母语日"和"国际语言年"。1999年11月,联合国教科文组织的一般性大会宣布,从2000年起,将每年的2月21日确立为"国际母语日",旨在促进语言和文化的多样性。此外,联合国大会还宣布2008年为"国际语言年",并委托联合国教科文组织协调这一活动,教科文组织为国际语言年提出的口号是:"语言,至关重要!"

第三,开展"联合国语言日"庆祝活动。全球传播部(原新闻部)在2010年提出一项倡议,为联合国6种官方语言各设立一个纪念日,旨在促进六种官方语言在联合国的平等使用。每个纪念日都与该种语言的历史转折点或著名文学人物纪念日有关。其中3月20日是"联合国法文日"(法语国家组织成立日),4月20日是"联合国中文日"(二十四节气之谷雨,以纪念仓颉造字),4月23日是"联合国英文日"(威廉·莎士比亚诞辰日),6月6日是"联合国俄文日"(亚历山大·普希金诞辰日),10月12日是"联合国西班牙文日"(纪念哥伦布发现美洲大陆;后改为4月23日,塞万提斯逝世日),12月18日是"联合国阿拉伯文日"(纪念联合国大会于1973年12月18日通过决议将阿拉伯语作为第6种官方语言)。联合国在每一个语言日都会举办庆祝活动,并开展一个小时的语言强化课,鼓励职员参加语言班学习。

第四,启动"国际土著语言年"。联合国在积极维护官方语言平等的同时,也注重维护少数群体的语言权利。2007年,联合国通过《土著人民权利宣言》,呼吁各国颁布旨在保护和加强土著语言的政策、法律。该宣言第十九条规定:"土著人民有权建立并使用自己语言的媒体,有权不受歧视地利用所有形式的非土著媒体。"为提升人们对濒危语言保护的认识和行动力,2019年,联合国启动了"国际土著语言年",旨在体现对不同语言使用者权益的尊重,促进全球人民深入理解语言与文化多样性的价值,唤起各国政府、民间团体及社会组织的响应。为巩固"国际土著语言年"的成果,联合国将2022—2032年确立为"国际土著语言十年",以应对新冠疫情对土著语言保护带来的不利影响。

第五,促进语言表述中的性别平等。为了帮助联合国工作人员在交流中都使用性别包容性语言,联合国推出了《性别包容性指南》,并就这一指南编写了一整套培训资料和课程。要求避免使用带有性别定型观念的表述,并以更积极的方式提高妇女的可见度。例如,联合国《中文性别包容性语言指南》中,针对"女强人"、"寡妇"、"妇孺皆知"、"男人帮忙做家务"等包容性弱的说法,建议改成"成功女性"、"丧偶妇女"、"众所周知"、"男人做家务"。

为了保证上述倡议和活动目标的实现,1995年第五十届联合国大会通过了名为《使用多种语文》的第11号决议,决议认为"多语制"是联合国系统所有组织的一项共同承诺,对于实现《联合国宪章》目标意义重大。此后,联合国大会每两年审议一次"多语制"问题,以审核联合国系统内部多语使用实况。

1999年,联合国开始设立"多语制问题协调员"职位,其职责是确保本组织内不同语言使用的均衡性。协调员的任务是"协调现行措施,提出战略,确保本组织的语言实践符合关于使用多种语言的各项决议的建议和规定。协调员尤其要负责汇总与整个秘书处使用多种语言有关的建议和要求"(A/61/317)。2000年,联合国秘书长指派主管大会和会议管理的助理秘书长担任第一位负责多种语言问题的协调员。2008年,秘书长任命时任主管传播和新闻事务副秘书长为多语制协调员。2010年,多语制协调员参加了"语文安排、文件和出版物问题"国际年会。

1976年,联合国开始设立联合检查组(Joint Inspection Unit,JIU),并将其作为一个常设附属机构。检查专员对有关各服务机构效率和资金适当运用的所有问题都有最广泛的调查权力,并为此目的进行现场查询和调查。联合检查组每十年审查一次联合国系统使用多种语言的情况,并分别在2002年、2011年和2020年向大会提交了审查报告。2002年,联合检查组发布《联合国系统内实行多种语文》的报告,涉及多语制在联合国各领域、各部门实施的详细状况;2011年,联合检查组发布《联合国系统各组织的多种语文制度执行情况》报告,指出联合国内部的语言平等至今尚未实现,对某些语言的明显偏爱尚待消除;2020年,联合检查组发布《联合国系统使用多种语言情况》报告,报告基于对联合国系统各组织的问卷、访谈和文献调查,从以下几个方面提出了建议:制定多语战略政策框架、发挥多语问题协调员作用、为语言专业人员的聘用与发展制定新政策、出台多语学习政策、提供经费支持等。

联合国非常重视语言规范问题,这也许可以视作国际组织语言政策中的本体规划。联合国秘书处文件司设有"名词和参考资料科",配有六个名词员,一种官方语言配一名职员,负责联合国系统词汇的收集、统一、审定、编撰、分发,并负责回答来自联合国内外的词汇查询。"名词和参考资料科"主办的联合国词汇库(UNTERM)在网上向全世界的用户免费开放(网址是 http://unterm.un.org)。各语文翻译处还设有内部专职名词员,为本处的翻译工作服务。另外，联合国教科文组织推动成立了国际术语信息中心（Infoterm）和国际术语网（TermNet），其中国际术语信息中心旨在提供术语服务、支持和协调术语学领域的国际合作，国际术语网旨在促进国际合作和促进国际术语培训及资格认证等。为共同协商处理各组织的语言规范，联合国系统各组织每年派代表出席"语言安排、文件和出版物国际年会"（IAMLADP），特别是其中的"计算机辅助翻译和术语机构间会议"，以便于在计算机辅助术语领域进行合作。

为了提高工作效率，联合国大力促进语言信息技术的应用。语音识别、远距离口笔译和自动及计算机辅助笔译软件等新技术已开始为各组织语文事务人员提供服务。2002年5月，联合国开始使用"银河系"软件，使联合国空缺岗位公告的制作和申请自动化；2004年，联合国向公众开放"正式文件系统"（Official Documents System，ODS）。该系统收录联合国会议文件全文，均以联合国六种正式语言保存，可进行全文检索；2014年，联合国专门为内部笔译员和逐字记录员开发了在线机助翻译工具"联合国电子语言"（eLUNa），它提供翻译界面的常用功能，专门用于联合国文件翻译。使用这项工具可即时获取以前翻译过的文件、术语记录、机器翻译系统；2017年联合国发布"规范性文件和会议文件语义互操作性框架"，以创建一个全系统的文件生态系统，促进协作和降低信息管理成本；目前，联合国正在尝试借助人工智能工具"世界产权组织语音转文本"（WIPO Speech-to-Text）将会议视频录像自动生成为六种官方语言的文本记录，减少目前高度耗费资源的会议逐字记录工作；长期以来，联合国新闻中心一直利用传统媒体（广播和电视）来传播联合国的信息，近年来，数字技术（如网站、社交媒体和移动电话）得到极大加强。

国际组织语言政策已经成为当今语言规划领域的热门话题，而联合国系统的语言政策则是关注的焦点。然而，当前的语言规划理论框架本质上是民族国家视角的，最初是为了"二战"后新独立国家建构、完善和推广民族共同语，因而有了本体规划、地位规划和习得规划等概念。国家和国际组织在语言政策上天生存在许多差别，例如，国际组织语言规划总是绕不开内部大量口译/笔译员的安排及其高额的翻译成本，这是大多数国家语言规划中不需要面对的问题。因而，在研究国际组织语言政策时，必然会产生一系列问题，例如：对于全球性国际组织，原先的一些语言规划理念还有解释力吗？语言政策还可以被视为社会政策的一部分吗？教科文组织要求注意文件措辞中的性别平等，属于本体规划吗？国际劳工组织对口译员进行培训，属于习得规划吗？

关于超国家层面的语言规划，还有许多亟待解答的问题。例如，国际组织是一个由临时国际代表组成的精英团体，他们在努力实现人类共同目标的过程中寻求国家利益的最大化。显然，这个领域的语言政策已经不再是库柏(Robert Cooper)所说的社会政策了，那应该属于什么性质的政策？国际组织语言政策的规划主体是谁？是所有成员国还是有影响力的主权国家？或是国际组织的秘书处和议事机构？甚至是特别专家组？国际组织内部是否存在隐性（或隐秘）的语言政策？与国家政府颁布的语言政策相比，国际组织在语言规划中面临多重博弈，呈现"多声部"的特征，其语言政策的异质性更为严重，各国的阐释也更具随意性，仅用"声望规划"或"话语规划"已经很难进行有效阐释了，还有待于学界提出更适合的解释模型。

当今世界，国际组织在全球事务中的作用日益凸现，国际组织的自主性也明显增强，有时甚至主导全球治理。相应地，语言规划研究应该超越民族主义范式，以适应超国家背景下全球复杂的互动和博弈模式。实际上，国际组织的语言政策既可以视作解释世界语言秩序的变量，也是一个有待解释的结果性变量。以国家为基础的语言政策和规划模式不再必然反映超国家层面的语言生活经验。因此，大力推进超国家层面语言规划理论建构，探讨适用于多语种、跨文化的国际组织场所的语言规划转型模式，已经成为一种迫切的时代需求。

为了推进国际组织语言政策的研究，我们选编了这本《联合国语言政策规范文件汇编》。本书在梳理编译联合国机构官网文件的基础上，按照时间顺序，介绍了 70 多年来联合国系统颁布的涉及系统内和系统外语言政策的 60 多份公约、建议书、宣言等，以及规则、声明、指南等规范性文书。其中一些用于规定联合国内部的语言地位、多语使用、员工语言能力要求等，一些用于倡导国际社会的语言保护、语言教育、语言权利等理念。本书提供的文献可供国际问题研究、语言政策研究等领域的学者参考。

方小兵

2022 年 10 月于南京方山

目 录

联合国制宪会议文件(1945年6月26日,旧金山)
 联合国宪章 ………………………………………………………………（1）
第一届联合国大会第2(I)号决议(1946年2月1日)
 关于语文之议事规则 ……………………………………………………（2）
第三届联合国大会第217 A(III)号决议(1948年12月10日)
 世界人权宣言 ……………………………………………………………（3）
第三届联合国大会第262(III)号决议(1948年12月11日)
 大会议事规则之修正 ……………………………………………………（3）
第七届联合国大会第664(VII)号决议(1952年12月5日)
 经济与社会理事会及其所属专门问题委员会采用西班牙文为应用语文
 之一 ………………………………………………………………………（4）
第二十一届联合国大会第2200(XXI)号决议(1966年12月16日)
 经济、社会及文化权利国际公约 ………………………………………（5）
第二十一届联合国大会第2200(XXI)号决议(1966年12月16日)
 公民权利和政治权利国际公约 …………………………………………（5）
第二十三届联合国大会第2479(XXIII)号决议(1968年12月21日)
 增列俄文为大会应用语文(修改大会议事规则第51条)与增列俄文及
 西班牙文为安全理事会应用语文问题 …………………………………（7）
第二十八届联合国大会第3189(XXVIII)号决议(1973年12月18日)
 将中文作为大会和安全理事会的工作语文 ……………………………（7）
第二十八届联合国大会第3190(XXVIII)号决议(1973年12月18日)
 将阿拉伯文作为大会及其所属主要委员会的正式语文和工作语文 ……（8）

第二十九届联合国大会第 3355(XXIX)号决议(1974 年 12 月 18 日)
　　将大会若干正式文件、安全理事会和经济及社会理事会决议译成德文
　　··(9)
第三十二届联合国大会第 205 号(XXXII)决议(1977 年 12 月 21 日)
　　联合国阿拉伯文服务 ···(9)
联合国教科文组织大会第二十届会议(1978 年 11 月 27 日)
　　种族与种族偏见问题宣言 ···(11)
第三十四届联合国大会第 226 号(XXXIV)决议(1979 年 12 月 20 日)
　　联合国阿拉伯文服务 ···(11)
第三十五届联合国大会第 225 号(XXXV)决议(1980 年 12 月 17 日)
　　语文工作人员的职级和职业发展 ···(12)
第三十六届联合国大会第 117 号决议(XXXVI)(1981 年 12 月 10 日)
　　会议时地分配办法 ··(13)
联合国安理会决议(S/96/Rev. 7)(1982 年 12 月)
　　安全理事会暂行议事规则 ···(16)
第四十一届联合国大会第 128 号(XLI)决议(1986 年 12 月 4 日)
　　发展权利宣言 ··(17)
国际劳工组织大会第七十六届会议(1989 年 6 月 27 日)
　　土著和部落人民公约 ···(18)
第四十四届联合国大会第 25 号(XLIV)决议(1989 年 11 月 20 日)
　　儿童权利公约 ··(19)
第四十五届联合国大会第 158 号(XLV)决议(1990 年 12 月 18 日)
　　保护所有移徙工人及其家庭成员权利国际公约 ·························(20)
第四十七届联合国大会第 135 号(XLVII)决议(1993 年 2 月 3 日)
　　在民族或族裔、宗教和语言上属于少数群体的人的权利宣言 ·······(21)
第五十届联合国大会第 11 号(L)决议(1995 年 11 月 2 日)
　　使用多种语文 ··(24)
联合国教科文组织执行局第一五〇届会议(1996 年 10 月 10 日)
　　世界语言权利宣言 ··(26)

第五十三届联合国大会第 243 号(LIII)决议(1999 年 9 月 13 日)
　　和平文化宣言 ·· (40)
第五十五届联合国大会第 702 号(LV)决议(2001 年 1 月 12 日)
　　会议时地分配办法 ·· (41)
第五十五届联合国大会第 258 号(LV)决议(2001 年 6 月 27 日)
　　人力资源管理 ··· (43)
联合国教科文组织大会第二十次全体会议(2001 年 11 月 2 日)
　　世界文化多样性宣言 ··· (44)
第六十一届联合国大会第 106 号(LXI)决议(2001 年 12 月 13 日)
　　残疾人权利公约 ·· (44)
第五十六届联合国大会第 45 号(LVI)决议(2002 年 1 月 18 日)
　　联合国同法语国家国际组织的合作 ·· (49)
第五十六届联合国大会第 262 号(LVI)决议(2002 年 4 月 9 日)
　　使用多种语文 ··· (51)
联合国教科文组织政策文件(2003 年 3 月)
　　语言活力与语言濒危 ··· (53)
联合国教科文组织大会第三十二届会议(2003 年 10 月 17 日)
　　保护非物质文化遗产公约 ··· (69)
联合国教科文组织大会第三十二届会议(2003 年 11 月 21 日)
　　关于普及网络空间及提倡和使用多种语言的建议书 ·························· (70)
联合国教科文组织立场文件(2003 年)
　　多语世界中的教育 ·· (75)
第五十八届联合国大会第 182 号(LVIII)决议(2003 年 12 月 22 日)
　　有效促进《在民族或族裔、宗教和语言上属于少数群体的人的权利宣言》
　　··· (86)
第五十八届联合国大会第 250 号决议(LVIII)(2003 年 12 月 23 日)
　　会议时地分配办法 ·· (87)
世界卫生组织第一一四届会议(2004 年 4 月 19 日)
　　在世界卫生组织内实行多种语言 ··· (89)

联合国教科文组织大会第 33 届会议文件(2005 年 10 月 20 日)
　　保护和促进文化表现形式多样性公约 ………………………………… (91)
第五十九届联合国大会第 309 号(LIX)决议(2005 年 6 月 22 日)
　　使用多种语文 …………………………………………………………… (92)
联合国新闻委员会第二十八届会议文件(A/AC.198/2006/3)(2006 年 5 月 5 日)
　　联合国网站在实现各正式语文平等方面的最新情况和进展 ………… (94)
世界卫生组织执行委员会第一二一届会议(2007 年 4 月 19 日)
　　多种语言:行动计划 …………………………………………………… (104)
第六十一届联合国大会第 295 号(LXI)决议(2007 年 9 月 13 日)
　　联合国土著人民权利宣言 ……………………………………………… (108)
联合国大会议事规则(2008 年版)(A/520/Rev.17)(包括截至 2007 年 9 月大会通过的修正和增订条款)
　　联合国大会议事规则 …………………………………………………… (109)
国际民用航空组织大会第三十七届会议决议(Doc 9902)(2010 年 10 月 8 日)
　　语文和行政服务 ………………………………………………………… (110)
世界知识产权组织第四十八届大会决议(2010 年 9 月 29 日)
　　世界知识产权组织语言政策 …………………………………………… (115)
第六十六届联合国大会第 233 号(LXVI)决议(2011 年 12 月 24 日)
　　会议时地分配办法 ……………………………………………………… (125)
第六十七届联合国大会第 252 号(LXIV)决议(2013 年 3 月 26 日)
　　联合国同葡萄牙语国家共同体的合作 ………………………………… (131)
第六十八届联合国大会第 172 号(LXVIII)决议(2013 年 12 月 18 日)
　　有效促进《在民族或族裔、宗教和语言上属于少数群体的人的权利宣言》
　　　…………………………………………………………………………… (132)
国际电信联盟 2014 年全权代表大会第 133 号决议(2014 年)
　　成员国主管部门在国际化(多语文)域名管理中的作用 ……………… (138)
联合国语文安排、文件和出版物问题国际年度会议(IAMLADP)(2016 年 6 月 22 日)
　　维也纳声明 ……………………………………………………………… (141)

第七十一届联合国大会第 263 号(LXXI)决议(2016 年 12 月 23 日)
  人力资源管理 ·· (143)
第七十二届联合国大会第 288 号(LXXII)决议(2017 年 5 月 24 日)
  专业翻译在实现各国互联互通及促进和平、了解和发展中的作用 ······· (143)
第七十二届联合国大会第 328 号(LXXII)决议(2017 年 9 月 11 日)
  使用多种语文 ·· (145)
第七十二届联合国大会第 439 号(LXXII)决议(2017 年 12 月 19 日)
  国际手语日 ·· (154)
联合国教科文组织大会议事规则(2018 年版) ·· (156)
国际电信联盟 2018 年全权代表大会第 154 号决议(2018 年)
  在同等地位上使用国际电联的六种正式语文 ······················· (157)
联合国语言政策文件(2018 年)
  联合国语文框架 ·· (161)
联合国教科文组织"世界语言资源保护大会"文件(2019 年 1 月 18 日)
  保护和促进世界语言多样性　岳麓宣言 ······························· (168)
第七十三届联合国大会第 346 号(LXXIII)决议(2019 年 9 月 16 日)
  使用多种语文 ·· (175)
联合国妇女署政策文件(2020 年 2 月 24 日)
  中文性别包容性语言指南 ··· (187)
世界知识产权组织政策文件(2021 年)
  中文包容性语言指南 ··· (191)
第七十六届联合国大会第 148 号(LXXVI)决议(2022 年 1 月 6 日)
  土著人民权利 ·· (201)
国际民用航空组织理事会第二二五届会议决议(2022 年 1 月 23 日)
  国际民用航空组织使用多种语文战略 ································ (204)
第七十六届联合国大会第 268 号(LXXVI)决议(2022 年 6 月 10 日)
  使用多种语文 ·· (210)

联合国制宪会议文件

(1945年6月26日，旧金山)

联合国宪章

第一条

联合国之宗旨为：

三、促成国际合作，以解决国家间属于经济、社会、文化及人类福利性质之国际问题，且不分种族、性别、语言或宗教，增进并激励对于全体人类之人权及基本自由之尊重。

第十三条

一、大会应发动研究，并作成建议：

(丑)以促进经济、社会、文化、教育及卫生各部门之国际合作，且不分种族、性别、语言或宗教，助成全体人类之人权及基本自由之实现。

第五十五条

为造成国家间以尊重人民平等权利及自决原则为根据之和平友好关系所必要之安定及福利条件起见，联合国应促进：

(寅)全体人类之人权及基本自由之普遍尊重与遵守，不分种族、性别、语言或宗教。

第七十六条

按照本宪章第一条所载联合国之宗旨，托管制度之基本目的应为：

(寅)不分种族、性别、语言或宗教，提倡全体人类之人权及基本自由之尊重，并激发世界人民互相维系之意识。

第一届联合国大会第 2(I)号决议

（1946 年 2 月 1 日）

关于语文之议事规则

大会决议：

（甲）通过如附件所载关于语文之议事规则；

（乙）建议联合国其他各机关实行如附件所载关于语文之议事规则；

（丙）建议秘书长对设置电信翻译制度问题作详尽之研讨，如属可能，并筹备于第一届第二期大会中设置此项制度。

（一九四六年二月一日，第二十一次全会）

附件

一、联合国之所有机关，除国际法院外，应以中、法、英、俄、西班牙五文为正式语文；以英、法文为应用语文。

二、凡作任何一应用语言之演讲应译成另一应用语文。

三、以任何其他三种正式语文之演讲应以两种应用语文译出。

四、代表可用正式语文以外之其他语文演讲。于此种情形中，该代表应准备任何一种应用语文之翻译，秘书处译员将根据其所送第一应用语文译本再以另一应用语文译出之。

五、速记纪录应以应用语文制成之。倘经任何代表团之请求，速记纪录之全部或任何一部分应译成任何一正式语文。

六、简要纪录应尽速以各正式语文制成之。

七、联合国各机关之日刊应用两种应用语文刊行。

八、所有决议案及其他重要文件应译成各正式语文本。经任何代表之请求，其他文件应以任一或所有正式语文译出。

九、联合国各机关之文件，如经该机关决定，得以正式语文以外任何语文刊行之。

第三届联合国大会第 217 A(III) 号决议

（1948 年 12 月 10 日）

世界人权宣言

第一条

人人生而自由，在尊严和权利上一律平等。他们赋有理性和良心，并应以兄弟关系的精神相对待。

第二条

人人有资格享有本宣言所载的一切权利和自由，不分种族、肤色、性别、语言、宗教、政治或其他见解、国籍或社会出身、财产、血统或其他身份等任何区别。并且不得因一人所属的国家或领土的政治的、行政的或者国际的地位之不同而有所区别，无论该领土是独立领土、托管领土、非自治领土或者处于其他任何主权受限制的情况之下。

第三届联合国大会第 262(III) 号决议

（1948 年 12 月 11 日）

大会议事规则之修正

大会，

决议修正议事规则第四十四条至第四十八条如下：

第四十四条

中文、英文、法文、俄文及西班牙文同为大会及其各委员会及小组委员会之正式语文。英文、法文及西班牙文为应用语文。

注：关于采用西班牙文为应用语文之决议案二四七（三）通过后，大会于一

九四八年十二月七日第一七四次全体会议中将大会议事规则相应修改之问题,发送第六委员会审查并待提交报告。

第四十五条

以一种应用语文发表之演词应译成另两种应用语文。

第四十六条

以其他两种正式语文之一发表之演词应译成三种应用语文。

第四十七条

代表可用正式语文以外之任何语文发表演词,但须自备传译员,译成一种应用语文。秘书处传译员将演词译成另两种应用语文时,得忠于第一种应用语文之译本。

第四十八条

速记纪录应以应用语文制成之。如经任何代表团之请求应将速记纪录之全部或一部分译成任何其他一种正式语文。

一九四八年十二月十一日

第一百八十六次全体会议

第七届联合国大会第664(VII)号决议

(1952年12月5日)

经济与社会理事会及其所属专门问题委员会采用西班牙文为应用语文之一

大会,

赞同经济与社会理事会意见,以西班牙文为经济与社会理事会及其所属专门问题委员会今后应用语文之一。

第二十一届联合国大会第 2200(XXI)号决议

（1966 年 12 月 16 日）

经济、社会及文化权利国际公约

第二编

第二条

二、本盟约缔约国承允保证人人行使本盟约所载之各种权利，不因种族、肤色、性别、语言、宗教、政见或其他主张、民族本源或社会阶级、财产、出生或其他身份等等而受歧视。

第三十一条

一、本公约应交存联合国档库，其中文、英文、法文、俄文、西班牙文各本同一作准。

第二十一届联合国大会第 2200(XXI)号决议

（1966 年 12 月 16 日）

公民权利和政治权利国际公约

第二编

第二条

一、本盟约缔约国承允尊重并确保所有境内受其管辖之人；无分种族、肤色、性别、语言、宗教、政见或其他主张、国籍或社会出身、财产、出生或其他身份等等，一律享受本盟约所确认之权利。

第四条

一、如经当局正式宣布紧急状态,危及国本,本盟约缔约国得在此种危急情势绝对必要之限度内,采取措施,减免履行其依本盟约所负之义务,但此种措施不得抵触其依国际法所负之其他义务,亦不得引起纯粹以种族、肤色、性别、语言、宗教或社会阶级为根据之歧视。

第三编

第十四条

三、审判被控刑事罪时,被告一律有权平等享受下列最低限度之保障:

(子)迅即以其通晓之语言,详细告知被控罪名及案由;

(巳)如不通晓或不能使用法院所用之语言,应免费为备通译协助之;

第十九条

二、人人有发表自由之权利;此种权利包括以语言、文字或出版物、艺术或自己选择之其他方式,不分国界,寻求、接受及传播各种消息及思想之自由。

第二十四条

一、所有儿童有权享受家庭、社会及国家为其未成年身份给予之必需保护措施,不因种族、肤色、性别、语言、宗教、民族本源或社会阶级、财产或出生而受歧视。

第二十六条

人人在法律上一律平等,且应受法律平等保护,无所歧视。在此方面,法律应禁止任何歧视,并保证人人享受平等而有效之保护,以防因种族、肤色、性别、语言、宗教、政见或其他主张、民族本源或社会阶级、财产、出生或其他身份而生之歧视。

第二十七条

凡有种族、宗教或语言少数团体之国家,属于此类少数团体之人,与团体中其他分子共同享受其固有文化、信奉躬行其固有宗教或使用其固有语言之权利,不得剥夺之。

第五十三条

一、本公约应交存联合国档库,其中文、英文、法文、俄文、西班牙文各本同一作准。

第二十三届联合国大会第 2479(XXIII)号决议

(1968 年 12 月 21 日)

增列俄文为大会应用语文(修改大会议事规则第 51 条)与增列俄文及西班牙文为安全理事会应用语文问题

大会,

按照一九六七年十二月十九日关于应用语文使用问题之决议案二三五九B(二十二),联合国使用数种语文并不构成本组织之障碍,反而促使工作更加美满,且为一种达到联合国宪章所定目标之方法,

业已审查秘书长所提报告书(议程项目八十一,文件 A/7334)之有关部分,

一、决定增列俄文为大会应用语文,用是修正大会议事规则第五十一条;

二、认为宜增列俄文及西班牙文为安全理事会应用语文;

三、请秘书长将本决议案送达安全理事会主席。

第二十八届联合国大会第 3189(XXVIII)号决议

(1973 年 12 月 18 日)

将中文作为大会和安全理事会的工作语文

大会,

认识到中文是联合国五种正式语文之一,

考虑到五种正式语文中四种均已列为大会和安全理事会的工作语文,并确认为了提高联合国的工作效能,中文也应具有与其他四种正式语文同等的地位,

一、决定将中文列为大会工作语文,并依此修正大会议事规则的有关

规定；

二、认为宜将中文列为安全理事会的工作语文；

三、请秘书长将本决议转达安全理事会。

一九七三年十二月十八日，

第二二〇六次全体会议

第二十八届联合国大会第 3190(XXVIII) 号决议

(1973 年 12 月 18 日)

将阿拉伯文作为大会及其所属主要委员会的正式语文和工作语文

大会，

认识到阿拉伯文在保存和传播人类文明和人类文化方面所起的重大作用，

并认识到阿拉伯文是联合国十九个会员国的语文，是联合国教育、科学及文化组织，联合国粮食及农业组织，世界卫生组织和国际劳工组织等专门机构的工作语文之一，而且是非洲统一组织的正式语文和工作语文之一，

深知必须依照联合国宪章规定，增进国际合作，并促成各国行动的和协。

赞赏地注意到联合国各阿拉伯会员国保证它们将于最初三年集体负担本决议的执行费用，

决定将阿拉伯文作为大会及其所属主要委员会的正式语文及工作语文，并依此修正大会议事规则的各项有关规定。

一九七三年十二月十八日，

第二二〇六次全体会议

第二十九届联合国大会第 3355(XXIX)号决议

(1974 年 12 月 18 日)

将大会若干正式文件、安全理事会和经济及社会理事会决议译成德文

大会,

审议了将大会若干正式文件、安全理事会和经济及社会理事会决议和决定译成德文的问题,

赞赏地注意到奥地利、德意志民主共和国和德意志联邦共和国保证各国准备在进一步审查之前,集体捐款来应付本决议所引起的费用,

决定按照大会议事规则第五十七条规定,从一九七五年七月一日开始,以德文印发大会的决议和决定及大会正式记录的其他增编、安全理事会和经济及社会理事会的决议和决定。

一九七四年十二月十八日,
第二三二四次全体会议

第三十二届联合国大会第 205 号(XXXII)决议

(1977 年 12 月 21 日)

联合国阿拉伯文服务

大会,

回顾一九七六年十二月二十一日第 31/159 号决议第 18 段决定"将阿拉伯文列为联合国贸易和发展会议机构,特别是贸发会议、贸易和发展理事会及其各主要委员会各届会议的正式语文和工作语文",

注意到联合国贸易和发展会议、贸易和发展理事会及其一些主要委员会已按照上述规定修正议事规则，

回顾大会一九七六年十二月二十二日第31/208号决议第八节核准秘书长在其提交大会第三十一届会议的报告中提出的组织安排，以期向联合国贸易和发展会议提供初步指标水平的阿拉伯文服务，同时减轻向大会及其各主要委员会提供这类服务时所面临的一些长期问题，

不过，注意到以阿拉伯文的翻译服务来说，秘书长已在其进度报告清楚说明，这些组织安排，对联合国贸易和发展会议和对大会及其各主要委员会，都没有达成预定的目标，同时又承认其未来的展望也是无法确定的，

认识到联合国各阿拉伯会员国极度重视联合国贸易和发展会议的工作，并且明白表示贸发会议的文件需要及时印发阿拉伯文本，以便它们的代表团能够积极参与贸发会议的审议工作和活动，

深信只有在联合国贸易和发展会议总部设立人手充足的翻译科，才能做到向贸发会议提供有效率的及时的和费用较低的阿拉伯文翻译服务，

考虑到需要作出巨大的、迫切的努力，使该科能充分满足在一九七九年举行的联合国贸易和发展会议第五届会议对阿拉伯文翻译的要求，

1. 注意到秘书长关于联合国阿拉伯文服务的进度报告；

2. 请秘书长，除了继续迅速执行他的报告第15至21段所述的组织安排之外，并将该报告第25段所述的现有安排改为从一九七八年一月一日起在联合国日内瓦办事处设立一个永久性的阿拉伯文翻译科，主要向联合国贸易和发展会议各机构提供服务，第一步把已经根据大会第31/208号决议第八节设置的员额改属该科，并加设科长一名，使该科具备一九七八——一九七九两年期所需的工作人员；

3. 请秘书长，同联合国贸易和发展会议秘书长密切协商和合作，拟定各项建议，以期充分执行大会31/159号决议第18段认可的贸发会议一九七六年五月二十八日第86(IV)号决议，并将所拟定的建议提交大会第三十四届会议；

4. 又请秘书长继续寻求并使用恰当方法，包括提前翻译有关文件和在必要时提供临时助理人员，以保证向大会及其各主要委员会及时提供阿拉伯文翻译服务，并在适当时将所得结果向大会提出报告。

联合国教科文组织大会第二十届会议

（1978年11月27日）

种族与种族偏见问题宣言

联合国教育、科学及文化组织大会于一九七八年十月二十四日至十一月二十八日在巴黎举行第二十届会议，

鉴于一九四五年十一月十六日通过的《联合国教育、科学及文化组织组织法》的序言申明，"现已告结束之此次大规模恐怖战争其所以发生，既因人类尊严、平等与相互尊重等民主原则之遭摒弃，亦因人类与种族之不平等主义得以取而代之，借无知与偏见而散布"，并鉴于上述组织法第一条规定联合国教科文组织的宗旨为"通过教育、科学及文化来促进各国间之合作，对和平与安全作出贡献，以增进对正义、法治及联合国宪章所确认之世界人民不分种族、性别、语言或宗教均享人权与基本自由之普遍尊重"，

第九条

3. 对于外裔居民群体，特别是参与侨居国建设的移民工人及其家属，应采取适当措施以维护其安全，并尊重其尊严及文化价值准则，促使其适应侨居国环境及职业的进展，以便其日后同祖国重新结合并为祖国的发展作出贡献；还应采取措施使其子女学习本国语言。

第三十四届联合国大会第226号(XXXIV)决议

（1979年12月20日）

联合国阿拉伯文服务

大会，

回顾其一九七三年十二月十八日第3190(XXVIII)号决议，其中决定将阿

拉伯文列为大会及其各主要委员会的正式语文和工作语文，

参考联合国贸易和发展会议一九七九年六月三日第115(V)号决议,其中建议大会采取必要步骤,保证将阿拉伯文列为贸发会议的正式语文和工作语文,

审议了秘书长关于向大会及其各主要委员会提供阿拉伯文服务的报告和有关的说明,

关切地注意到为执行第3190(XXVIII)号决议而作出的安排尚未向大会及其各主要委员会提供充分而有效的服务,

1. 请秘书长采取有效措施,使阿拉伯文服务的水平与大会及其各主要委员会其他正式语文和工作语文服务的水平相等,其中包括：

(a) 立即增设足够的常设员额,来加强联合国总部阿拉伯文翻译处的编制,以保证能在规定的时限内翻译大会及其各主要委员会的所有会前、会期和会后文件,并与其他正式语文同时散发；

(b) 在总部设立一个拥有足够常设员额的阿拉伯文口译股,向大会及其各主要委员会提供口译服务。

2. 请秘书长作出必要安排,充分执行本决议,并就此事向大会第三十五届会议提出报告。

第三十五届联合国大会第225号(XXXV)决议

(1980年12月17日)

语文工作人员的职级和职业发展

大会,

审议了秘书长的报告,

注意到行政和预算问题咨询委员会的报告,

认识到维持联合国一切文件的质量是极其重要的,

强调务必避免任何可能损害联合国各种正式语文和工作语文的平等地位

的措施,

认识到联合国各种语文工作人员的职业发展具有职能上的连续一贯性,其职等应反映出各种语文工作人员所担任工作的性质日益复杂和专门,

考虑到各种语文工作人员面对的问题的性质并不相似,而且必须特别注意新增的正式语文,

1. 核准秘书长关于改叙语文职位的提议,务使:

(1) 改叙的职位数目同联合国六种不同语文的常设员额成比例;

(2) 改叙办法对笔译员、口译员、逐字记录员、编辑、制稿员和校对员都有益处。

2. 请秘书长在暂时试验的基础上实行自译自校的办法,但须不影响使用任何一种正式语文或工作语文编制的联合国文件的质量。

3. 又请秘书长向大会第二十六届会议报告本决议的执行情况。

第三十六届联合国大会第 117 号决议(XXXVI)

(1981 年 12 月 10 日)

会议时地分配办法

A

会议委员会未来的工作(略)

B

同时分发联合国各种语文的文件

大会,

深知联合国的各种不同语文是本组织各会员国间互相补益和促进了解的渠道,

回顾其 1946 年 2 月 1 日题为"关于语文的议事规则"的第 2(I)号决议,

又回顾其 1966 年 12 月 20 日第 2247(XXI)号和 1967 年 12 月 8 日第 2292(XXII)号决议,以及 1973 年 12 月 18 日第 3189(XXVIII)号、第 3190(XXVIII)号和第 3191(XXVIII)号决议,

注意到必须充分落实第 2247(XXI)号决议第 3 段和第 2292(XXII)号决议第 4 段中关于同时分发文件的规定,

重申深为关切各种正式语文的文件在分发上的延误时间越来越长,

1. 决定各种文件应适时以联合国的正式和工作语文切实同时分发;
2. 请秘书长就本决议的执行情况向大会第三十七届会议提出报告。

C
各条约机构文件的管制和限制

大会,

关切到及时以所有正式语文印发各种文件的办法目前发生的严重情况,

注意到会议服务费用由联合国经常预算承担的条约机构的文件和简要记录的数量巨大,此种情况对中央会议服务部门复制各政府间会议所需其他文件的能力有不利影响,

1. 请各条约机构的高级人员同会议委员会主席磋商管制和限制文件的可能措施;
2. 敦促所有条约机构优先审查它们对所有语文文件和会议记录的需要,以期立即采取措施大大限制目前的文件数量;
3. 请所有机构通过会议委员会向大会第三十七届会议报告它们已采取的实际措施。

D
管制和限制特别会议的文件

大会,

重申 1980 年 11 月 3 日第 35/10C 号决议,

1. 决定如果要召开联合国特别会议,应特别注意使提议的会议计划和文件需要取得协调,以便有助于在会议筹备阶段和会议举行期间达到预期的会

议目标；

2.宣布在召开特别会议时建议提出的国别文件，以打算在会议筹备活动和会议本身发生不可缺少作用的国别文件为限，并应考虑到这类文件同筹备活动和会议的协商过程实际结合所需的时间；

3.赞成本决议附件内所列管制和限制联合国特别会议文件准则。

附件
管制和限制联合国特别会议文件准则

1.筹备或举行特别会议期间所实施的管制和限制文件的一切措施适用于为该会议以及可能指定的任何筹备机关编写的文件。

2.不为特别会议及其筹备机关制作简要记录，但法律编纂会议应视个别情况的需要而定，不在此限。

3.请求各国政府提出国别文件或报告时，可适用下列规则：

（a）决定召开会议的机关或指定的筹备机关应制订明确规则，尽可能限制国别文件或其摘要的篇幅，并决定应予印发的文本，并须考虑到过去在同一活动领域的特别会议中取得的经验；

（b）每一份文件或报告和每一份摘要或概要都应按照会议委员会的报告附件二所规定的格式编制；

（c）应在筹备过程中考虑到这类文件或报告及其摘要或概要的用途，订出固定的提出限期，但此种限期无论如何不得迟于会议开幕前八个星期；

（d）秘书处应在一份参考文件中开列所有收到的文件或报告和摘要或概要，并按照各种方式加以分类，例如按国别、区域或题目的字母顺序分类；

（e）如果会议是在固定总部以外的地点举行，则不应在会议地点重新分发国别文件或报告，而应在开会地点设立资料室，收藏会议所有有关资料各一份；

（f）秘书长应经常审查这类文件印发的总份数，并加以调整达到实际需要的数额。

4.非政府组织提出的文件应使用统一的封面，封面上加印秘书处提供的文号。每一个提出文件的非政府组织有责任确保每一份报告都订有这种封面。如果提出足够的份数,秘书处随后应分发这种报告。秘书处将不翻译或复制非政府组织的报告,如果会议是在固定总部以外的地点举行,秘书处不把这些报告运至会议地点。此外还须订出向秘书处提出这类文件的截止日期。然后由秘书处印发非政府组织提出的所有文件一览表。

联合国安理会决议(S/96/Rev. 7)

(1982年12月)

安全理事会暂行议事规则

第八章　语文

第四十一条

阿拉伯文、中文、英文、法文、俄文和西班牙文同为安全理事会的正式语文和工作语文。

第四十二条

以安全理事会六种语文中的任何一种语文所作的发言,应译成其他五种语文。

第四十四条

任何代表可用安全理事会语文以外的一种语文发言。在此情况下,他应自行安排,译成安全理事会语文之一。秘书处口译人员可根据最先译出的安全理事会语文,将发言译成其他的安全理事会语文。

第四十五条

安全理事会会议的逐字记录,应以安全理事会的各种语文写成。

第四十六条

所有决议和其他文件,都应以安全理事会的各种语文印发。

第四十七条

安全理事会的文件,如经安全理事会决定,可以安全理事会语文以外的任何语文印发。

第九章　关于会议的公开和记录问题

第五十四条

安全理事会公开会议的正式记录以及所附文件应尽速以正式语文印发。

第四十一届联合国大会第 128 号(XLI)决议

(1986 年 12 月 4 日)

发展权利宣言

大会,

铭记《联合国宪章》中有关促成国际合作以解决属于经济、社会、文化或人道主义性质的国际问题,且不分种族、性别、语言或宗教,增进并激励对全体人类人权和基本自由的尊重的宗旨和原则,

念及各国按照《宪章》的规定有义务促进对全体人类人权和基本自由的普遍尊重和遵守,而不分种族、肤色、性别、语言、宗教、政治或其他见解、民族本源或社会出身、财产、出生或其他身份等任何区别,

第 6 条

1. 所有国家应合作以促进、鼓励并加强普遍尊重和遵守全体人类的所有人权和基本自由,而不分种族、性别、语言或宗教等任何区别。

国际劳工组织大会第七十六届会议

(1989年6月27日)

土著和部落人民公约

国际劳工组织大会,

经国际劳工局理事会召集,于1989年6月7日在日内瓦举行第七十六届会议,

认识到这些民族希望在其所居住国家的结构之内,自主管理本民族各类机构、生活方式和经济发展,以及保持并发扬本民族的特点、语言和宗教的愿望,

第六部分:教育和交流手段

第二十八条

1. 在可能的情况下,有关民族的儿童应学习使用本民族的土著语言,或他们所属群体之最通用的语言进行阅读和写作。当这一考虑不现实时,主管当局应与这些民族进行磋商,以期采取某些措施来达到这一目的。

2. 应采取充分的措施,保证这些民族有机会流利地掌握所在国的语言或该国的一种官方语言。

3. 应采取措施,保留并推动有关民族土著语言的发展和使用。

第三十条

2. 必要时,可以采用笔译的方法或通过使用这些民族的语言进行群众交流的方式来进行这一工作。

第四十四届联合国大会第 25 号(XLIV)决议

(1989 年 11 月 20 日)

儿童权利公约

序言

认识到联合国在《世界人权宣言》和国际人权盟约中宣布和同意：人人有资格享受这些文书中所载的一切权利和自由，不因种族、肤色、性别、**语言**、宗教、政治或其他见解、国籍或社会出身、财产、出生或其他身份等而有任何区别，

第一部分

第 2 条

1. 缔约国应尊重本公约所载列的权利，并确保其管辖范围内的每一儿童均享受此种权利，不因儿童或其父母或法定监护人的种族、肤色、性别、**语言**、宗教、政治或其他见解、民族、族裔或社会出身、财产、伤残、出生或其他身份而有任何差别。

第 17 条

(d) 鼓励大众传播媒介特别注意属于少数群体或土著居民的儿童在**语言**方面的需要；

第 20 条

3. 这种照顾除其他外，包括寄养、伊斯兰法的"卡法拉"(监护)、收养或者必要时安置在适当的育儿机构中。在考虑解决办法时，应适当注意有必要使儿童的培养教育具有连续性和注意儿童的族裔、宗教、文化和**语言背景**。

第 29 条

1. 缔约国一致认为教育儿童的目的应是：

(c) 培养对儿童的父母、儿童自身的文化认同、**语言和价值观**、儿童所居住国家的民族价值观、其原籍国以及不同于其本国的文明的尊重；

第 30 条

在那些存在有在族裔、宗教或语言方面属于少数人或原为土著居民的人的国家,不得剥夺属于这种少数人或原为土著居民的儿童与其群体的其他成员共同享有自己的文化、信奉自己的宗教并举行宗教仪式,或使用自己的**语言的权利**。

第 40 条

2. 为此目的,并鉴于国际文书的有关规定,缔约国尤应确保:

(b) 所有被指称或指控触犯刑法的儿童至少应得到下列保证:

(六)若儿童不懂或不会说所用语言,有权免费得到译员的协助。

第四十五届联合国大会第 158 号(XLV)决议

(1990 年 12 月 18 日)

保护所有移徙工人及其家庭成员权利国际公约

第一部分 范围和定义

第 1 条

1. 本公约,除此后另有规定外,适用于所有移徙工人及其家庭成员,不分性别、种族、肤色、语言、宗教或信念、政治见解或其他意见、民族、族裔或社会根源、国籍、年龄、经济地位、财产、婚姻状况、出身或其他身份地位等任何区别。

第 16 条

5. 被逮捕的移徙工人及其家庭成员应在被逮捕之时尽可能以他们所了解的语言被告知逮捕理由,并应以他们所了解的语言被迅速告知对他们提出的任何指控。

8. 因遭逮捕或拘禁而被剥夺自由的移徙工人及其家庭成员应有权向法庭

提出诉讼,以期该法庭可毫不拖延地就其拘禁合法与否作出判决,并在拘禁不合法时下令予以释放。他们出庭时,如不懂或不会说庭上所用语言,应于必要时获得无需他们支付费用的译员的协助。

第18条

3. 在审判对他们提出的任何刑事指控时,移徙工人及其家庭成员应有权享有下列最低限度的保证:

(a) 迅速以一种他们所了解的语言详细告知对他们提出的指控性质和案由;

(f) 如他们不懂或不会说法庭所用语言,可免费获得译员的协助;

第22条

3. 应以他们所了解的语言将判决传达给他们。如果没有另外的强制性规定,经他们要求,应以书面方式将判决传达给他们,除涉及国家安全的特殊情况外,应说明判决的理由。在作出判决之前或至迟在作出判决之时,应把这些权利告知当事人。

第四十七届联合国大会第135号(XLVII)决议

(1993年2月3日)

在民族或族裔、宗教和语言上属于少数群体的人的权利宣言

大会,

重申《宪章》所宣布的联合国的基本宗旨之一是不分种族、性别、语言或宗教,促进并鼓励对于全体人类之人权及基本自由之尊重,

重申对基本人权、人的尊严与价值、男女权利平等及大小各国权利平等的信念,

希望促进载于下列文书的各项原则的实现:《宪章》、《世界人权宣言》、《防止及惩治灭绝种族罪公约》、《消除一切形式种族歧视国际公约》、《公民权利和

政治权利国际盟约》、《经济、社会、文化权利国际盟约》、《消除基于宗教或信仰原因的一切形式的不容忍和歧视宣言》和《儿童权利公约》以及其他举世或区域一级通过和联合国个别会员国之间缔结的有关国际文书，

为《公民权利和政治权利国际盟约》第 27 条关于在族裔、宗教或语言上属于少数群体的个人权利的规定所鼓舞，

考虑到促进和保护在民族或族裔、宗教和语言上属于少数群体的人的权利有利于他们居住国的政治和社会稳定，

强调在基于法治的民主范围内，作为整个社会发展的必不可少的部分，不断促进和实现在民族或族裔、宗教和语言上属于少数群体的人的权利，必然会有助于增强各国人民间和各国家间的友谊与合作，

考虑到联合国在保护少数群体方面可发挥重要作用，

铭记在联合国系统内，特别是人权委员会、防止歧视及保护少数群体小组委员会和根据国际人权盟约和其他有关国际人权文书所设立的那些机构，在促进和保护在民族或族裔、宗教和语言上属于少数群体的人的权利方面迄今所做的工作，

考虑到各政府间组织和非政府组织为保护少数群体和为促进和保护在民族或族裔、宗教和语言上属于少数群体的人的权利所做的重要工作，

认识到关于在民族或族裔、宗教和语言上属于少数群体的人的权利方面需要确保更加有效地执行各项国际人权文书，

兹宣布《在民族或族裔、宗教和语言上属于少数群体的人的权利宣言》如下：

第一条

1. 各国应在各自领土内保护少数群体的存在及其民族或族裔、文化、宗教和语言上的特征并应鼓励促进该特征的条件。

2. 各国应采取适当的立法和其他措施以实现这些目的。

第二条

1. 在民族或族裔、宗教和语言上属于少数群体的人（下称属于少数群体的人）有权私下和公开、自由而不受干扰或任何形式歧视地享受其文化、信奉其宗教并举行其仪式以及使用其语言。

2. 属于少数群体的人有权有效地参加文化、宗教、社会、经济和公共生活。

3. 属于少数群体的人有权以与国家法律不相抵触的方式,切实参加国家一级和适当时区域一级做出的关于其所属少数群体或其所居住区域的决定。

4. 属于少数群体的人有权成立和保持他们自己的社团。

5. 属于少数群体的人有权在不受歧视的情况下与其群体的其他成员及属于其他少数群体的人建立并保持自由与和平的接触,亦有权与在民族或族裔、宗教或语言上与他们有关系的其他国家的公民建立和保持跨国界的接触。

第三条

1. 属于少数群体的人可单独和与其群体的其他成员一起行使其权利,包括本宣言规定的权利,而不受任何歧视。

2. 不得因行使或不行使本宣言规定的权利而对属于少数群体的任何人造成不利。

第四条

1. 各国应采取必要的措施确保属于少数群体的人可在不受任何歧视并在法律面前完全平等的情况下充分而切实地行使其所有人权和基本自由。

2. 各国应采取措施,创造有利条件,使属于少数群体的人得以表达其特征和发扬其文化、语言、宗教、传统和风俗,但违反国家法律和不符国际标准的特殊习俗除外。

3. 各国应采取适当措施,在可能的情况下,使属于少数群体的人有充分的机会学习其母语或在教学中使用母语。

4. 各国应酌情在教育领域采取措施,以期鼓励对其领土内的少数群体的历史、传统、语言和文化的了解。属于少数群体的人应有充分机会获得对整个社会的了解。

5. 各国应考虑采取适当措施,使属于少数群体的人可充分参与其本国的经济进步和发展。

第五条

1. 国家政策和方案的制订和执行应适当照顾属于少数群体的人的合法利益。

2. 各国间的合作与援助方案的制订和执行应适当照顾属于少数群体的人

的合法利益。

第六条

各国应就涉及属于少数群体的人的问题进行合作,包括交流资料和经验,以期促进相互了解和信任。

第七条

各国应进行合作,促进对本宣言规定的权利的尊重。

第八条

1. 本宣言的任何规定不得妨碍各国履行有关属于少数群体的人的国际义务。各国特别应真诚地履行根据其作为缔约国的国际条约和协定所承担的义务和承诺。

2. 行使本宣言规定的权利不得妨害一切个人享受普遍公认的人权和基本自由。

3. 各国为确保充分享受本宣言所规定的权利而采取的措施不得因其表现形式而视为违反《世界人权宣言》所载平等权利。

4. 本宣言的任何内容均不得解释为允许从事违反联合国宗旨和原则,包括国家主权平等、领土完整和政治独立的任何活动。

第九条

联合国系统内的各专门机构和其他组织应在各自权限范围内促进全面实现本宣言规定的权利和原则。

第五十届联合国大会第 11 号(L)决议

(1995 年 11 月 2 日)

使用多种语文

大会,

回顾其 1946 年 2 月 1 日第 2(I)号、1966 年 12 月 20 日第 2241 B(XXI)

号、1967年12月8日第2292(XXII)号、1967年12月19日第2359B(XXII)号、1968年12月21日第2479(XXIII)和第2480B(XXIII)号、1973年12月18日第3189(XXVIII)、第3190(XXVIII)和第3191(XXVIII)号和1988年12月21日第43/224 D号决议,

还回顾正值庆祝《联合国宪章》签署五十周年之际,联合国的普及性及由此产生的多种语文,要求本组织的每一个会员国有权利和义务让其他会员国了解它和让它了解其他会员国,而不论它使用何种正式语文,

强调有必要严格遵守为联合国各机构和各组织规定语文安排的决议和规定,

又回顾阿拉伯文、中文、英文、法文、俄文和西班牙文同时是大会及其各委员会和小组委员会以及安全理事会的正式语文和工作语文,阿拉伯文、中文、英文、法文、俄文和西班牙文是经济及社会理事会的正式语文,英文、法文和西班牙文是其工作语文,英文和法文是秘书处的工作语文,

惋惜联合国内部对各正式语文以及秘书处工作语文的使用不平等,希望联合国聘用的工作人员除秘书处的一种工作语文之外,还至少精通和使用六种正式语文的一种,

认为如1987年12月11日第42/207 C号决议所述,联合国各机构的口译笔译预算应配合需要,不受预算紧缩的影响,

注意到正式语文平等原则愈来愈经常受到举行所谓的"低费用"非正式会议的影响,

强调联合国有必要继续鼓励驻联合国代表团人员和秘书处工作人员学习所有正式语文和秘书处工作语文,

又强调让各国政府和民间社会各部门能获得所有正式语文的联合国文件、档案和数据库的重要性,

1. 请秘书长务必严格执行关于正式语文和秘书处工作语文的语文安排的各项决议,并请会员国也务必如此;

2. 回顾秘书处同会员国交往时必须使用会员国要求的正式语文或工作语文;

3. 还请秘书长确保严格按照《宪章》第一百零一条规定和大会根据该条确

定的条例任命工作人员,并确保联合国各机构聘用的工作人员于应聘时精通和使用至少一种秘书处工作语文或联合国另一机构的一种工作语文,后一情况适用于前往该机构工作且任期不超过两年的工作人员;并请秘书长确保适当鼓励和考虑到使用六种正式语文的另一种,特别是在考虑晋升和级等时,以求确保联合国语文使用的均衡;

4. 又请秘书长务必尊重秘书处工作语文平等和使用,尤其是在征聘和提升秘书处工作人员时;

5. 强调有必要确保具备必要资源,特别是通过培训和聘用专家,保证正确及时地将文件译成联合国不同的正式语文;

6. 回顾有必要把这种文件以联合国的正式语文同时分发;

7. 还强调必须确保以充分的人力和财政资源维持正式语文和秘书处工作语文的各级教学;

8. 又强调确保各机构图书馆和文件中心充分具备不同正式语文的数据库和出版物的重要性;

9. 敦促会员国的代表团和秘书处力求避免举行没有口译服务的非正式会议;

10. 请秘书长向大会第五十二届会议提出有关执行本决议,特别是有关使用联合国正式语文和秘书处工作语文情况的报告。

联合国教科文组织执行局第一五〇届会议

(1996年10月10日)

世界语言权利宣言

序言

1996年6月6日至9日在巴塞罗那聚会签署本《世界语言权利宣言》的各机构和非政府组织;

考虑到 1948 年的《世界人权宣言》在其序言中表明了"对基本人权、人格尊严和价值以及男女平等权利的信念",并在其第二条中规定"人人有资格享受……一切权利和自由",不分"种族、肤色、性别、语言、宗教、政治或其他见解、国籍或社会出身、财产、出生或其他身份等任何区别";

考虑到 1966 年 12 月 16 日的《公民权利和政治权利国际公约》(第二十七条)及同一天的《经济、社会、文化权利国际公约》这两个公约在其序言中宣布:"只有在创造了使人人可以享有其公民和政治权利,正如享有其经济、社会和文化权利一样的条件的情况下才能实现自由人类享有……自由的理想";

考虑到联合国组织大会 1992 年 12 月 18 日第 47/135 号决议(《在民族或族裔、宗教和语言上属于少数群体的人的权利宣言》);

考虑到欧洲委员会的各项宣言和公约,其中包括 1950 年 11 月 4 日的《保护人权和基本自由的欧洲公约》(第 14 条)、1992 年 6 月 29 日的《欧洲委员会部长理事会公约》(根据该公约通过了关于地区或少数群体语言的欧洲宪章)、1993 年 10 月 9 日的《欧洲委员会首脑会议关于少数民族的宣言》及 1994 年 11 月的保护少数民族框架宣言;

考虑到《国际笔会圣雅克德孔波斯特拉宣言》和国际笔会笔译和语言权利委员会 1993 年 12 月 15 日关于召开一次世界语言权利会议的建议的宣言;

考虑到在 1987 年 10 月 9 日的累西腓(巴西)宣言中,国际发展文化间传播协会第二十二期研讨会建议联合国采取必要措施通过并实施一项世界语言权利宣言;

考虑到 1989 年 6 月 26 日国际劳工组织关于独立国家土著人民的第 169 号公约;

考虑到 1990 年 5 月在巴塞罗那通过的《世界各族人民共同权利宣言》宣布各族人民均有权表现和发展其文化、语言及其组织规则,并有权为此而按照不同的政治格局设立自己的政治、教育、传播和公共行政管理机构;

考虑到 1991 年 8 月 16 日在佩奇(匈牙利)通过的国际现代语言教师联合会大会最后宣言主张"将语言权利视为人的基本权利";

考虑到 1994 年 4 月 20 日联合国经济及社会理事会人权委员会关于土著人民权利宣言临时文本的报告,该报告结合共同权利对个人权利进行了分析;

考虑到美洲人权委员会1995年9月18日在其第1278届会议期间通过的关于土著人民权利的宣言临时文本；

考虑到世界上大多数受威胁的语言属于没有主权的各民族人民，妨碍这些语言发展和加速语言替换进程的其中两个主要因素是没有政治上的自主权和有关国家将其政治-行政结构及其语言强加于人的做法；

考虑到侵略、殖民化和占领以及其他政治、经济或社会从属状况往往导致直接强加某种外国语言，或至少导致对语言价值认识方面的某种扭曲和划分语言等级之态度的出现，影响了讲话人的语言忠实度；因此认为，由于这些原因，某些已经获得自主权的民族的语言正面临着一种因提倡原托管语言的政治所造成的语言替代过程；

考虑到世界性应当以语言和文化多样性的概念为基础这种概念不仅超越清一色的倾向，而且应当超越会造成排斥的隔离的倾向；

考虑到为了保障各语言社区之间的和谐共处应当制定能够确保促进、尊重和在公共及私人的社会生活中使用所有语言的普遍性原则；

考虑到非语言的各种因素（历史、政治、领土、人口、经济、社会文化、社会语言和集体行为方面的各种因素）产生了一些问题，这些问题造成了许多语言的消失、边缘化或退化，因而应全面地考虑语言权利，以便在各种情况下能够使用各种适当的解决办法；

意识到世界语言权利宣言已成为纠正语言不平衡状况、使各种语言均受尊重和充分发展以及制定作为在社会中共处的一个关键因素的公正合理的全球语言和平的原则之所必需；

宣布
序言

考虑到上述意见，每种语言的状况是政治-法律、意识形态和历史、人口和领土、经济和社会、文化、语言和社会语言、语言间和主观等因素汇集和相互作用的结果。

目前，这些因素取决于：

- 大多数国家上百年的减少多样性和鼓励对文化多元性和语言多元化采

取消极态度的统一趋势。

- 经济世界化进程,因而也就是信息、传播及文化市场的世界化进程,这一进程正在打乱能确保每个语言社会内部凝聚力的各个关系领域和相互作用的形式。
- 跨国经济集团提倡的经济增长模式,它们把取消控制与进步、把竞争性个人主义与自由等同起来,这就在经济、社会、文化和语言方面产生了严重的、越来越多的不平等现象。

如若以下基本目标得不到考虑,那么目前各个语言社区所受到的种种威胁——无论是缺乏政治自主权、人口数量有限或是人口密度分散或局部分散、经济不稳定、语言不成体系,还是文化模式与占优势的模式相对立——都会使许多语言无法继续存在和发展:

- 从政治角度设想语言多样性的安排,使所有的语言社区都能有效地参与这一新的增长模式。
- 从文化角度使世界传播空间与各国人民、各语言社区和所有个人对发展进程的公平参与完全一致起来。
- 从经济角度把持久发展建立在所有人的参与、重视各个社会的生态平衡以及各种语言和各种文化之间关系公正的基础之上。

因此,本宣言的出发点是各语言社区而不是各国。它在追求促进安排一个以相互尊重、和睦共处和捍卫整体利益为基础的语言多样性政治框架这一目标的同时,又是加强有能力确保全人类持久公正发展的各个国际机构这一工作的组成部分。

第一篇

有关概念的详细说明

第 1 条

1. 在本宣言中,语言社区意指历史上在某一确定的领土(不管受到承认与否)定居,成为一个民族并发展了一种共同的语言作为其成员之间惯常交流和文化内聚的手段的任何一个人类社会。某一领土所特有的语言这一说法意指历史上在这同一领土上形成的社会的民族语言。

2. 本宣言所遵循的原则是语言权利既属于个人又属于集体,并把历史上在其领土上——不仅指这个社会居住的地理区域而且还指语言得到充分发展所需的社会空间和实用空间——的某个语言社会的情况作为整个语言权利的参照。本条第5段所指的语言群体和生活在其社会所处之领土以外的人们的权利的发展或延续均源于这一前提。

3. 为本宣言所述之目的现把以下群体看作处于自己的领土上并属于某一语言社区:

(i) 因政治边界或行政边界而与其社会的其他部分分开的群体;

(ii) 历史上居住在因被其他语言社区成员包围而缩小了的地理空间的群体;或

(iii) 居住在与具有相同历史经历的其他语言社区的成员共同居住的地理空间的群体。

4. 本宣言还把在其历史上移动的区域里的游牧民族或在分散的地方定居的民族看作在自己历史领土上的语言社区。

5. 在本宣言中语言群体意指定居在另一语言社区领土上、不是相同历史经历但是有共同语言的任何一个社会群体,移民、难民、流离失所的人或海外犹太人就是这种情况。

第2条

1. 本宣言认为,当数个语言社区或语言群体共处一块领土时,本宣言提出的权利就应在相互尊重的基础上加以行使并以最大限度的民主保证给予保护。

2. 为了使社会语言平衡达到令人满意的程度,也就是说在这些语言社区或语言群体及其组成人员各自的权利之间确定适当的联系,有必要考虑他们在有关领土上的历史经历以外的因素。这些因素包括移居的必然性因移居导致不同社会或群体共处,以及它们在政治、社会、经济和文化上的不稳定性——对这些因素加以考虑可以算上一个有助于重新平衡的补救方法。

第3条

1. 本宣言认为以下权利是可以在任何场合行使的不可剥夺的个人权利:

作为某一语言社区的成员而受到承认的权利；

在私下和公共场合讲自己语言的权利；

使用自己名字的权利；

与其原有的语言社区的其他成员联系和结社的权利；

保留和发展自己文化的权利；以及1966年12月16日通过的《公民权利和政治权利国际公约》和《经济、社会、文化权利国际公约》这两个公约涉及的与语言有关的所有其他权利。

2. 本宣言认为,除了上一条所涉及的权利并根据第2条第2段的规定,语言群体的集体权利可包括：

每个群体有权教授自己的语言和文化；

每个群体有权拥有文化机构；

每个群体有权在传播媒介中公平地使用自己的语言和介绍自己的文化；

有关群体中的每一位成员有权在与当局的联系和社会经济联系中得到以自己语言所作的答复。

3. 上述个人权利和语言群体的权利无论在何种情况下均不应妨碍他们与作为东道主的语言社区的关系或妨碍他们融入这一社会。此外,他们不得妨害所在社会或其成员在自己的整个领土上在公共场合无条件使用自己语言的权利。

第4条

1. 本宣言认为在与己不同的语言社区的领土上移徙和定居的人有权也有义务对此社会采取一种融合的态度。融合的定义是上述人员的一种附加性社会化,使其能够保留自己原有的文化特性同时又能与接待社会共同具有足够的参照标准、价值观和行为举止,不至于在其社会生活和职业生活中比接待社会的成员遇到更多的困难。

2. 相反,本宣言认为在任何情况下都不应强迫或引诱同化,它应是一种有意识选择的结果；所谓同化,就是人在其被接待的社会里的文化适应,目的是用接待社会所特有的参照标准、价值观和行为举止取代自己原有的文化特性。

第 5 条

本宣言所遵循的原则是所有语言社区的权利是平等的也是独立于其语言作为官方语言、地区语言或少数民族语言在法律或政治上的地位之外的;虽然承认某种语言是少数民族语言或地区语言有时可能有利于某些权利的行使,但是本宣言没有使用"地区语言"和"少数民族语言"的提法,因为这往往会限制某一语言社区的权利。

第 6 条

本宣言不考虑借口某种语言是一国的官方语言或根据传统它在有关领土上作为行政语言使用或在一些文化活动中使用就可以把它作为某一领土所固有的语言。

一般原则

第 7 条

1. 各种语言均体现了某一种共同的特性和一种不同的看待和描述事物的方法。因此,这些语言应当享有在所有领域得到充分发展所需的各种条件。

2. 每种语言都是一种由集体组成的现实,它存在于一个特定的社区内,作为促进团结、鉴别身份、相互交流和表现创造力的工具供该社区的成员使用。

第 8 条

1. 每个语言社区均有权组织和管理其自己的资源,以确保在社会生活的所有领域里使用自己的语言。

2. 每个语言社区均有权采取必要的手段确保其语言的传播和永存。

第 9 条

每个社区均有权使其语言体系系统化和标准化,有权保存、发展及推广这种体系,且不受外来的或强加的干扰。

第 10 条

1. 所有的语言社区均享有平等的权利。

2. 本宣言认为,以一个语言社区的政治主权程度,其社会、经济或其他方面的状况,或其语言所达到的系统化、现实化或现代化水平等为标准对该语言社区采取任何歧视的态度都是不能接受的。

3. 在施行平等原则时,应采取确保这一平等得到具体落实的一切必要的措施。

第 11 条

每个语言社区有权掌握进行语言双向翻译的手段以确保行使本宣言中所列的各项权利。

第 12 条

1. 人人有用自己的语言开展公众活动的权利,只要该语言也是其居住之领土上的语言。

2. 人人都有在其个人或家庭环境中使用自己的语言的权利。

第 13 条

1. 每个人都有学习其居住领土上的语言的权利。

2. 每个人都有权成为会讲多种语言的人,并有权了解和使用最适合其个人全面发展或其社会流动的语言,但不得损害本宣言为有关领土特有语言的公开使用所提供的保障。

第 14 条

本宣言的各项规定不得解释为或用来作为对抗由一个内部政体或国际制度规定的更倾向于在有关领土上使用该领土自己的一种语言的任何其他准则或实际做法。

第二篇
一般语言体制

第 I 节
行政当局和官方机制

第 15 条

1. 每个语言社区都有权使自己的语言作为自己领土上使用的官方语言。

2. 每个语言社区都有权使用本领土上的语言编制的司法和行政文书,公共和私人文件及公共登记簿上的入册事项被视为有效和确实成立,任何人不得借口称不了解。

第 16 条

一个语言社区的任何成员都有权在其同政府当局的联系中使用自己的语言,也有权得到这种语言的答复。这一权利也适用于与这一语言所属领土上的中央行政当局,有关领土、地方或超领土行政当局的交往。

第 17 条

1. 每个语言社区都有权在使用其语言的领土上用其语言掌握和获得各种有用的官方文件,不论这些文件是以纸张、磁性材料或其他材料为载体。

2. 政府当局用纸张、磁性载体或其他载体印发的各种表格、图样或其他行政文件都应采用发放部门所管领土上的所有语言进行编印和提供给公众使用。

第 18 条

1. 每个语言社区都有权要求用其领土上的语言公布涉及该社区的各种法律和其他立法规定。

2. 在其工作范围内历来都采用一种以上地方语言的政府当局应用这些语言颁布一般性的法律和规定不必考虑其对话者是否懂其他语言。

第 19 条

1. 各议会应将其代表的领土上历来所讲的语言作为官方语言。

2. 这项权利亦涉及第 1 条第 4 段所提到的那些分散的社区所使用的语言。

第 20 条

1. 每个人均有权在法庭上口头或书面使用法庭所在领土上历来所讲的语言。法庭应在其内部行动中使用该领土所特有语言。如果国家的司法制度迫使诉讼程序不得不在原法院管辖领土之外进行,仍应保留原有的语言。

2. 在所有情况下,每个人都有权要求采用其能懂和会说的语言对其进行审判,或免费得到口译人员的协助。

第 21 条

每个语言社区有权要求公共登记入册手续采用有关领土上的语言。

第 22 条

每个语言社区有权要求政府官员发表的任何公证书或官方文件用属于该官员管辖范围的领土上的语言起草。

第 II 节
教育

第 23 条

1. 教育应参与促进其所在领土上的语言社区在语言和文化方面的自由表达能力。

2. 教育应有助于保持和发展其所在领土上的语言社区所讲的语言。

3. 教育应始终为语言和文化的多样性服务促进在全世界不同语言社区之间建立和睦的关系。

4. 考虑到以上情况,每个人有学习自己所选语言的权利。

第 24 条

每个语言社区有权决定应如何将其语言作为传授知识的用语和研究对象,体现在自己领土内的各级教育之中:学前、小学、中学、技术与职业、大学教育及成人培训。

第 25 条

每个语言社区有权掌握为使其语言充分体现在自己领土内的各级教育中所需的一切人力和物质资源:经过正规培训的教师、适当的教学方法、教科书、资金、校舍和设备、传统技术手段和尖端技术。

第 26 条

每个语言社区有权享有一种有助于社区所有成员完全掌握并能在各个活动领域使用自己的语言、有助于尽可能好地掌握他们希望学习的其他任何语言的教育。

第 27 条

每个语言社区有权享有一种有助于社区成员了解与其自己的文化传统有关的各种语言,如文学语言或圣语,该社区从前通常使用的语言的教育。

第 28 条

每个语言社区有权享有一种有助于社区成员深入了解自己的文化遗产(历史和地理、文学等),有助于尽可能多地了解他们希望认识的另一种文化的教育。

第 29 条

1. 任何人均有权以其所居住领土上的固有语言接受教育。

2. 此权利不排斥接触作为其与其他语言社区进行交流之工具的其他任何语言之口头和书面知识的权利。

第 30 条

任何语言社区的语言和文化都应成为在大学学习和研究的对象。

第 III 节
专有名称

第 31 条

任何语言社区均有权在任何方面和任何时候保存和使用其专有名称构成的系统。

第 32 条

1. 任何语言社区均有权使用以有关领土上的固有语言命名的地名,以口头和书面形式以及在私人、公共或官方等所有领域均有这种权利。

2. 任何语言社区均有权确定、保存和修改本地的地名。在政治形势或其他形势发生变化时,原有的地名既不能任意废除、篡改或变通,也不能更换。

第 33 条

任何语言社区均有权用自己的语言命名。因此,翻译成其他语言时应避免含糊不清的或含有贬义的称呼。

第 34 条

任何人均有权在各个方面使用以自己的语言为自己所命名的人名,并在必要时有权要求另一书写符号系统尽可能忠实地为其注音。

第 IV 节
传媒与新技术

第 35 条

任何语言社区均有权决定其语言在当地传媒中应有的影响程度,不管是地方和传统的传媒,还是范围更广和使用更为先进的技术的传媒,也不管所使用的是什么发行系统或传送方式。

第 36 条

任何语言社区均有权拥有为确保其语言在当地传媒中理想的影响程度和文化自由表达程度所必需的所有人力和物力:训练有素的工作人员、资金、场地和设备、传播技术手段和尖端技术。

第 37 条

任何语言社区均有权通过传媒深入了解其文化遗产（历史和地理、文学等）和尽可能多地了解有关其成员希望了解的其他任何文化的情况。

第 38 条

所有语言社区的语言和文化均应受到全世界所有传媒的公正的和非歧视性的对待。

第 39 条

本《宣言》第 1 条第 3 段和第 4 段提及的社区以及同一条第 5 段所涉群体均有权使其语言在其定居或移居之领土的传媒中具有公正的地位。这一权利的行使应与有关领土其他语言群体或社区之权利的行使协调一致。

第 40 条

任何语言社区均有权拥有适合其语言系统的信息技术设备以及用自己语言的信息技术手段和产品，以便充分利用这些技术在自由表达、教育、传播、出版、翻译以及总的来说在信息处理和文化传播方面所提供的潜力。

第 V 节
文化

第 41 条

1. 任何语言社区均有权在所有文化表达方式方面使用、保持和加强其语言。

2. 应能充分行使这一权利，不使有关社区的空间被另一种文化以霸权主义的方式占领。

第 42 条

任何语言社区均有权在其自己的文化领域内得到充分的发展。

第 43 条

任何语言社区均有权接触用其语言印制的作品。

第 44 条

任何语言社区均有权利用传播充分的信息以及支助外国人的语言学习活动或翻译、译制、配音和加字幕等活动，参与各种文化间计划。

第 45 条

任何语言社区均有权要求其领土所固有的语言在各种文化活动和文化机构(图书馆、录像资料馆、电影院、戏院、博物馆、民间文艺、文化工业以及文化生活的所有其他表现形式)中占有优先的地位。

第 46 条

任何语言社区均有权保护其语言遗产和文化遗产,其中包括档案、著作和艺术品、建筑成就和历史建筑物,或用其语言铸刻的铭文等物质见证中的语言和文化遗产。

第 VI 节
社会、经济领域

第 47 条

1. 任何语言社区均有权决定在其领土上的所有社会、经济活动中使用其语言。

2. 一语言社区的任何成员均有权用自己的语言使用从事其职业活动所需要的一切手段,如参考资料与参考书,使用说明,各种印刷品或信息技术硬件、软件和产品。

3. 只要有关的职业活动的性质说明有必要这样做,在这方面便可使用其他语言。不管怎样,另一种新近出现的语言不能限制或禁止使用有关领土上固有的语言。

第 48 条

1. 在其语言社区的领土上,任何人均有权在诸如买卖货物与劳务、银行业务、保险单、工作合同及其他方面等各种经济事务中完全合法地使用自己的语言。

2. 这些私人文件的任何条款均不能排除或限制一种语言在其自己领土上的使用。

3. 在其语言社区的领土上任何人均有权使用以自己的语言印制的完成上述活动所必需的文件,如印刷品、支票、合同、发票、清单、订货单和其他文件。

第 49 条

在其语言社区的领土上任何人均有权在诸如工会或同业公会及专业协会

或专业界等各类社会-经济组织中使用自己的语言。

第50条

1. 任何语言社区均有权要求其语言在广告、商业招牌、信号标志,直至在国家形象等方面占有主导地位。

2. 在其语言社区的领土上任何人均有权得到用其语言提供的关于商业机构建议的产品和服务的完整的口头和书面材料,既包括使用说明,也包括标签、成分清单、广告、保险和其他方面。

3. 有关人身安全的所有公共标志均应用有关领土自己的语言表示,这种语言的地位不应低于其他任何一种语言。

第51条

1. 任何人在与企业、商业机构和私人机构的交往中均有权使用有关领土固有的语言,并有权要求用这种语言回复。

2. 作为顾客、消费者和用户,任何人均有权要求面向公众的机构用有关领土固有的语言,以口头或书面形式提供情况。

第52条

任何人均有权用有关领土自己的语言从事其职业活动,除非职务所固有的职责要求使用其他语言,如语言教师、翻译或导游等。

附加条款

第一条

各公共当局应在其活动范围内为行使本宣言中公布的各项权利采取各种必要的措施。尤其是一些国际基金应帮助明显缺乏资金的社区行使语言方面的权利。例如,公共当局应为整理、记录和教授各社区的语言及其在政府部门的使用提供必要的帮助。

第二条

各公共当局应使各有关部门、组织和个人了解本宣言所规定的权利和义务。

第三条

各公共当局应配合现行法律规定旨在制止侵犯本宣言所涉语言权利的惩治办法。

最后条款

第一条

本宣言建议在联合国范围内设立一个语言理事会。应由联合国大会设立该理事会、规定其职责和任命其成员。联合国大会还应建立负责根据本宣言所承认的权利保护语言社区的国际法机构。

第二条

本宣言建议并鼓励设立一个非官方的和咨询性的世界语言权利委员会,该委员会由与语言权利有关的非政府组织和其他组织的代表组成。

第五十三届联合国大会第 243 号(LIII)决议

(1999 年 9 月 13 日)

和平文化宣言

大会,

认识到必须消除所有形式的歧视和不容忍,包括基于种族、肤色、性别、语言、宗教、政治或其他见解、国籍、族裔或社会出身、财富、残疾、出生或其他地位的歧视,

第 3 条

和平文化的更全面发展是与下列要素紧密联系在一起的:

(13)增进所有文明、民族与文化之间,包括对在族裔、宗教和语言上属于少数的群体的理解、容忍和团结。

第五十五届联合国大会第 702 号(LV)决议

(2001 年 1 月 12 日)

会议时地分配办法

一、会议日历

7. 重申大会在第 50/11 号决议中提出并在其 1999 年 12 月 6 日第 54/64 号决议中重申的关于使用多种语文的规定。

三、有关文件和出版物事项

2. 再次请秘书长确保按照同时以大会六种正式语文分发文件的六星期规则提供文件；

5. 决定必须以所有正式语文分发文件的规则不应有任何例外,并强调各种文件在以所有正式语文同时分发前不得上载联合国网站的原则；

7. 重申秘书处和专家组提交立法机关审议和采取行动的所有文件应用黑体字印出结论和建议；

12. 再次请秘书长确保每日在联合国网站上提供联合国所有新公开文件的所有六种正式语文文本及提供信息资料,使各会员国可以即时取用；

13. 又再次请秘书长在大会第五十六届会议之前,以联合国六种正式语文印发联合国财务条例和细则的最新文本；

14. 还再次请秘书长在《联合国工作人员条例和细则》综合整理后以联合国六种正式语文优先印发此文件；

15. 欢迎秘书长努力消除积压的《安全理事会惯例汇辑》出版工作,并请他以所有六种正式语文印发现有和将来的各册《汇辑》。

四、笔译和口译有关事项

1. 再次请秘书长继续努力采用新技术,例如六种正式语文的计算机辅助翻译、远距离笔译、词汇数据库以及语音识别,以便进一步提高会议事务的生产力,并经常将引进和使用任何其他新技术的情况通知大会；

2. 又再次请秘书长确保所有语文工作人员,包括总部以外工作地点的语文工作人员,平等地获得六种正式语文的培训机会;

3. 请秘书长为了在特殊情况下可以分配没有通过口译处为有关语文举行的竞争性考试的口译员进入该语文口译厢工作,设立与口译处竞争性考试具有相同标准的内部考试,口译员必须通过这项考试才能被分配担任上述工作;

4. 重申大会的谅解,即采用远距离口译并不是打算未经大会明确核准就取代传统的口译制度;

5. 重申其决定,即如大会没有另行决定,远距离口译的使用不应构成取代当前体制化的口译制度的备选办法;

6. 请秘书长确保远距离口译的试验不局限于某些工作地点,每个工作地点都可以兼为接受方和提供方;

7. 重申大会的决定,即远距离口译的使用不应影响口译的质量,而且本身既不得导致语文员额的任何进一步裁减,也不得影响六种正式语文的平等待遇;

8. 请秘书长确保今后在关于远距离口译问题的报告中分析任何提议的系统的各种费用、此种系统对口译员工作条件的影响、向代表提供的服务水平、代表团对这种口译的满意程度和这种口译方法的技术问题;

9. 又请秘书长确保继续做出努力,改进所有工作地点语文服务的质量控制;

10. 注意到咨询委员会报告第 9 段中提到的远距离口译的技术困难和时间配合问题,并请秘书长进一步说明有关技术问题;

11. 请秘书长遵守大会第 53/208A 号决议第 33 段至第 36 段的规定,并请秘书长通过会议委员会和咨询委员会向大会第五十六届会议提出报告,说明可以采取哪些措施,降低有些工作地点语文事务单位的过高出缺率和确保全秘书处会议事务的必要质量;

12. 促请秘书长继续努力执行奖励制度,以吸引语文工作人员到出缺率高的工作地点,并请他向大会第五十六届会议提出全面报告,分析各工作地点语文事务单位征聘工作的问题和提出解决问题的行动;

13. 再次请秘书长确保翻译在原则上应反映每种语文的特征;

14. 又再次请秘书长确保笔译人员和口译人员之间，纽约联合国总部、日内瓦、维也纳和内罗毕办事处之间，以及各翻译司和会员国之间，继续就用语标准化问题进行对话，以进一步提高以六种正式语文印发的文件的翻译质量；

15. 还再次请秘书长举行说明会，定期向各会员国介绍使用的用语；

16. 请秘书长同有关会员国协商改进笔译服务问题。

五、信息技术

1. 促请秘书长根据大会第54/249号决议第151段的规定，迅速填补秘书处新闻部与阿拉伯文、中文和俄文网站有关的三个正式员额；

2. 请秘书长向大会第五十六届会议报告关于把非会议文件和新闻材料翻译成所有正式语文的政策问题，及在联合国网站上以所有正式语文提供这些材料的可能性。

第五十五届联合国大会第258号(LV)决议

（2001年6月27日）

人力资源管理

四、征聘和安插

9. 又请秘书长在填补秘书处各语文事务处的空缺职位时，确保所有六种正式语文的笔译和口译具有最佳业务水平；

13. 促请秘书长严格遵守只任用通过竞争性考试的人来担任P-2职位和需要特别语文能力职位的工作的原则，并请他在今后的报告中提供资料，说明没有遵循这项原则的理由；

23. 注意到秘书长报告第62段至第66段，请秘书长通过内部监督事务厅检查在征聘、晋升和安插方面是否存在基于国籍、种族、性别、宗教和语言的歧视问题，并就此向大会第五十六届会议提出报告。

联合国教科文组织大会第二十次全体会议

（2001年11月2日）

世界文化多样性宣言

第5条 文化权利——文化多样性的有利条件

文化权利是人权的一个组成部分，它们是一致的、不可分割的和相互依存的。富有创造力的多样性的发展要求充分地实现《世界人权宣言》第27条和《经济、社会、文化权利国际盟约》第13条、第15条所规定的文化权利。因此，每个人都应当能够用其选择的语言，特别是用自己的母语来表达自己的思想、进行创作和传播自己的作品；每个人都有权接受充分尊重其文化特性的优质教育和培训；每个人都应当能够参加其选择的文化生活和从事自己所特有的文化活动，但必须在尊重人权和基本自由的范围内。

第6条 促进面向所有人的文化多样性

在保障思想通过文字和图像的自由交流的同时，务必使所有的文化都能表现自己和宣传自己的言论自由、传媒的多元化、语言多元化、平等享有各种艺术表现形式、科学和技术知识——包括数码知识——以及所有文化都有利用表达和传播手段的机会等，均是文化多样性的可靠保证。

第六十一届联合国大会第106号(LXI)决议

（2001年12月13日）

残疾人权利公约

序言

本公约缔约国，

（一）回顾《联合国宪章》宣告的各项原则确认人类大家庭所有成员的固有尊严和价值以及平等和不可剥夺的权利，是世界自由、正义与和平的基础；

（二）确认联合国在《世界人权宣言》和国际人权公约中宣告并认定人人有权享有这些文书所载的一切权利和自由，不得有任何区别；

（十六）关注因种族、肤色、性别、语言、宗教、政治或其他见解、民族本源、族裔、土著身份或社会出身、财产、出生、年龄或其他身份而受到多重或加重形式歧视的残疾人所面临的困难处境；

（二十五）深信一项促进和保护残疾人权利和尊严的全面综合国际公约将大有助于在发展中国家和发达国家改变残疾人在社会上的严重不利处境，促使残疾人有平等机会参与公民、政治、经济、社会和文化生活。

议定如下：

第一条　宗旨

本公约的宗旨是促进、保护和确保所有残疾人充分和平等地享有一切人权和基本自由，并促进对残疾人固有尊严的尊重。

残疾人包括肢体、精神、智力或感官有长期损伤的人，这些损伤与各种障碍相互作用，可能阻碍残疾人在与他人平等的基础上充分和切实地参与社会。

第二条　定义

为本公约的目的：

"交流"包括语言、字幕、盲文、触觉交流、大字本、无障碍多媒体以及书面语言、听力语言、浅白语言、朗读员和辅助或替代性交流方式、手段和模式，包括无障碍信息和通信技术；

"语言"包括口语和手语及其他形式的非语音语言；

"基于残疾的歧视"是指基于残疾而做出的任何区别、排斥或限制，其目的或效果是在政治、经济、社会、文化、公民或任何其他领域，损害或取消在与其他人平等的基础上，对一切人权和基本自由的认可、享有或行使。基于残疾的歧视包括一切形式的歧视，包括拒绝提供合理便利；

"合理便利"是指根据具体需要，在不造成过度或不当负担的情况下，进行必要和适当的修改和调整，以确保残疾人在与其他人平等的基础上享有或行使一切人权和基本自由；

"通用设计"是指尽最大可能让所有人可以使用,无需做出调整或特别设计的产品、环境、方案和服务设计。"通用设计"不排除在必要时为某些残疾人群体提供辅助用具。

第九条　无障碍

一、为了使残疾人能够独立生活和充分参与生活的各个方面,缔约国应当采取适当措施,确保残疾人在与其他人平等的基础上,无障碍地进出物质环境,使用交通工具,利用信息和通信,包括信息和通信技术和系统,以及享用在城市和农村地区向公众开放或提供的其他设施和服务。这些措施应当包括查明和消除阻碍实现无障碍环境的因素,并除其他外,应当适用于:

(一)建筑、道路、交通和其他室内外设施,包括学校、住房、医疗设施和工作场所;

(二)信息、通信和其他服务,包括电子服务和应急服务。

二、缔约国还应当采取适当措施,以便:

(一)拟订和公布无障碍使用向公众开放或提供的设施和服务的最低标准和导则,并监测其实施情况;

(二)确保向公众开放或为公众提供设施和服务的私营实体在各个方面考虑为残疾人创造无障碍环境;

(三)就残疾人面临的无障碍问题向各有关方面提供培训;

(四)在向公众开放的建筑和其他设施中提供盲文标志及易读易懂的标志;

(五)提供各种形式的现场协助和中介,包括提供向导、朗读员和专业手语译员,以利向公众开放的建筑和其他设施的无障碍;

(六)促进向残疾人提供其他适当形式的协助和支助,以确保残疾人获得信息;

(七)促使残疾人有机会使用新的信息和通信技术和系统,包括因特网;

(八)促进在早期阶段设计、开发、生产、推行无障碍信息和通信技术和系统,以便能以最低成本使这些技术和系统无障碍。

第二十一条　表达意见的自由和获得信息的机会

缔约国应当采取一切适当措施,包括下列措施,确保残疾人能够行使自由表达意见的权利,包括在与其他人平等的基础上,通过自行选择本公约第二条所界定的一切交流形式,寻求、接受、传递信息和思想的自由:

(一)以无障碍模式和适合不同类别残疾的技术,及时向残疾人提供公共信息,不另收费;

(二)在正式事务中允许和便利使用手语、盲文、辅助和替代性交流方式及残疾人选用的其他一切无障碍交流手段、方式和模式;

(三)敦促向公众提供服务,包括通过因特网提供服务的私营实体,以无障碍和残疾人可以使用的模式提供信息和服务;

(四)鼓励包括因特网信息提供商在内的大众媒体向残疾人提供无障碍服务;

(五)承认和推动手语的使用。

第二十四条 教育

一、缔约国确认残疾人享有受教育的权利。为了在不受歧视和机会均等的情况下实现这一权利,缔约国应当确保在各级教育实行包容性教育制度和终身学习,以便:

(一)充分开发人的潜力,培养自尊自重精神,加强对人权、基本自由和人的多样性的尊重;

(二)最充分地发展残疾人的个性、才华和创造力以及智能和体能;

(三)使所有残疾人能切实参与一个自由的社会。

二、为了实现这一权利,缔约国应当确保:

(一)残疾人不因残疾而被排拒于普通教育系统之外,残疾儿童不因残疾而被排拒于免费和义务初等教育或中等教育之外;

(二)残疾人可以在自己生活的社区内,在与其他人平等的基础上,获得包容性的优质免费初等教育和中等教育;

(三)提供合理便利以满足个人的需要;

(四)残疾人在普通教育系统中获得必要的支助,便利他们切实获得教育;

(五)按照有教无类的包容性目标,在最有利于发展学习和社交能力的环境中,提供适合个人情况的有效支助措施。

三、缔约国应当使残疾人能够学习生活和社交技能,便利他们充分和平等地参与教育和融入社区。为此目的,缔约国应当采取适当措施,包括:

(一)为学习盲文,替代文字,辅助和替代性交流方式、手段和模式,定向和行动技能提供便利,并为残疾人之间的相互支持和指导提供便利;

(二)为学习手语和宣传聋人的语言特性提供便利;

(三)确保以最适合个人情况的语文及交流方式和手段,在最有利于发展学习和社交能力的环境中,向盲、聋或聋盲人,特别是盲、聋或聋盲儿童提供教育。

四、为了帮助确保实现这项权利,缔约国应当采取适当措施,聘用有资格以手语和(或)盲文教学的教师,包括残疾教师,并对各级教育的专业人员和工作人员进行培训。这种培训应当包括对残疾的了解和学习使用适当的辅助和替代性交流方式、手段和模式、教育技巧和材料以协助残疾人。

五、缔约国应当确保,残疾人能够在不受歧视和与其他人平等的基础上,获得普通高等教育、职业培训、成人教育和终身学习。为此目的,缔约国应当确保向残疾人提供合理便利。

第三十条　参与文化生活、娱乐、休闲和体育活动

一、缔约国确认残疾人有权在与其他人平等的基础上参与文化生活,并应当采取一切适当措施,确保残疾人:

(一)获得以无障碍模式提供的文化材料;

(二)获得以无障碍模式提供的电视节目、电影、戏剧和其他文化活动;

(三)进出文化表演或文化服务场所,例如剧院、博物馆、电影院、图书馆、旅游服务场所,并尽可能地可以进出在本国文化中具有重要意义的纪念物和纪念地。

二、缔约国应当采取适当措施,使残疾人能够有机会为自身利益并为充实社会,发展和利用自己的创造、艺术和智力潜力。

三、缔约国应当采取一切适当步骤,依照国际法的规定,确保保护知识产权的法律不构成不合理或歧视性障碍,阻碍残疾人获得文化材料。

四、残疾人特有的文化和语言特性,包括手语和聋文化,应当有权在与其他人平等的基础上获得承认和支持。

五、为了使残疾人能够在与其他人平等的基础上参加娱乐、休闲和体育活动,缔约国应当采取适当措施,以便:

(一)鼓励和促进残疾人尽可能充分地参加各级主流体育活动;

(二)确保残疾人有机会组织、发展和参加残疾人专项体育、娱乐活动,并为此鼓励在与其他人平等的基础上提供适当指导、训练和资源;

(三)确保残疾人可以使用体育、娱乐和旅游场所;

(四)确保残疾儿童享有与其他儿童一样的平等机会参加游戏、娱乐和休闲以及体育活动,包括在学校系统参加这类活动;

(五)确保残疾人可以获得娱乐、旅游、休闲和体育活动的组织人提供的服务。

第四十九条 无障碍模式

应当以无障碍模式提供本公约文本。

第五十六届联合国大会第 45 号(LVI)决议

(2002 年 1 月 18 日)

联合国同法语国家国际组织的合作

大会,

回顾其 1978 年 11 月 10 日第 33/18 号、1995 年 10 月 16 日第 50/3 号、1997 年 10 月 17 日第 52/2 号和 1999 年 11 月 15 日第 54/25 号决议以及 1998 年 12 月 18 日第 53/453 号决定,

又回顾《联合国宪章》中鼓励通过区域合作促进联合国宗旨和原则的条款,审议了秘书长的报告,

注意到两组织都希望在政治、经济、社会和文化领域巩固、发展和加强它们之间现有的关系,

满意地注意到联合国、其专门机构、联合国其他机构和方案同法语国家国

际组织的合作方面取得了很大的进展,

深信加强联合国同法语国家国际组织的合作符合联合国的宗旨和原则,

考虑到法语国家国际组织内有相当多的联合国会员国,它在联合国关注的领域推动这些国家之间的多边合作,

赞赏地注意到以法语作为共同语言的国家的国家元首和政府首脑于1999年9月3日至5日在加拿大蒙克顿举行的第八届首脑会议上表达了积极协力解决当今世界上各重大政治和经济问题的意愿,并为此目的加强同联合国的伙伴关系,

1. 注意到秘书长的报告;

2. 满意地注意到两组织之间的合作的积极演变和发展;

3. 赞赏联合国秘书长和法语国家国际组织秘书长持续努力加强联合国同法语国家国际组织的合作和协调,促进两组织在政治、经济、社会和文化领域的相互利益;

4. 满意地注意到法语国家国际组织更经常地参加联合国的工作,对联合国作出了宝贵的贡献;

5. 欢迎以法语为共同语言的国家通过法语国家国际组织参加联合国的活动,包括参加联合国主持的国际会议的筹备、举行及后续活动;

6. 强调法语国家国际组织在过去两年为推动不同文化和不同文明之间对话而采取的主动行动十分重要;

7. 赞扬法语国家国际组织致力防止、管理和解决冲突、促进人权和加强民主及法治,并采取行动推动以法语作为共同语言的国家之间的多边合作,特别是在经济、社会和文化发展以及促进新的信息技术等领域,并请联合国各机构向它提供支助;

8. 又赞扬联合国秘书处同法语国家国际组织秘书处之间定期举行高级别会议,并鼓励这些秘书处参加两组织的重要会议;

9. 对秘书长在他与各区域组织首长定期举行的会议中列入法语国家国际组织表示赞赏,并邀请他考虑到法语国家国际组织在防止冲突以及支持民主和法治领域所起的作用,继续这样做;

10. 建议联合国同法语国家国际组织继续并加紧协商,以确保在防止冲

突、建设和平、支持法治和民主以及促进人权等领域取得更大的协调;

11. 满意地注意到联合国同法语国家国际组织在监测和援助选举方面加强协作,并鼓励两组织在这个领域加强合作;

12. 请联合国秘书长同法语国家国际组织秘书长合作行事,鼓励联合国秘书处的代表同法语国家国际组织秘书处的代表定期举行会议,以便促进交换资料、协调各种活动和查明新的合作领域;

13. 邀请秘书长同法语国家国际组织秘书长协商,采取必要措施,以便继续促进两组织之间的合作;

14. 邀请联合国各专门机构、各基金和方案以及各区域委员会,包括非洲经济委员会为此目的同法语国家国际组织秘书长合作,特别是在消除贫困、能源、可持续发展、教育、培训和发展新信息技术等领域进行新的协作,以促进发展;

15. 请秘书长向大会第五十七届会议提交关于本决议执行情况的报告;

16. 决定将题为"联合国同法语国家国际组织的合作"的分项目列入大会第五十七届会议的临时议程。

第五十六届联合国大会第 262 号(LVI)决议

(2002 年 4 月 9 日)

使用多种语文

大会,

认识到联合国以使用多种语文作为促进、保护和保存全球语文和文化多样性的手段,

又认识到切实使用多种语文能促进多元的统一和国际谅解,

回顾其通过《在民族或族裔、宗教和语言上属于少数群体的人的权利宣言》的 1992 年 12 月 18 日第 47/135 号决议以及《公民及政治权利国际盟约》,

特别是其中关于在族裔、宗教或语言上属于少数群体的人的权利的第 27 条,

又回顾其 1946 年 2 月 1 日第 2(I)号、1968 年 12 月 21 日第 2480B(XXIII)号、1995 年 11 月 2 日第 50/11 号、1997 年 11 月 25 日第 52/23 号、1999 年 12 月 6 日第 54/64 号、2001 年 6 月 14 日第 55/258 号及 2001 年 12 月 24 日第 56/64B 号和第 56/242 号决议。

一

1. 注意到秘书长的报告,并回顾其中建议的行动;
2. 又注意到已任命一名使用多种语文问题协调员;
3. 满意地注意到秘书处愿意鼓励工作人员在有口译服务的正式会议上使用六种正式语文中他们掌握的任何一种语文;
4. 强调在雇用工作人员时应继续严格遵循《联合国宪章》第一百零一条,并按照大会各项决议的有关规定;
5. 又强调专业人员及以上职类工作人员的晋升应严格遵循《宪章》第一百零一条,并按照其第 2480 B(XXIII)号决议的规定和第 55/258 号决议的有关规定;
6. 鼓励联合国工作人员继续积极利用现有培训设施,掌握一种或多种联合国正式语文,并提高其熟练程度;
7. 注意到秘书处正在银河项目范围内对征聘制度进行全面改革,并请秘书处确保该制度在可行范围内尽早生效并运作;
8. 回顾其第 56/242 号决议,其中请秘书长报告所有工作地点口译服务和会议设施的利用率,以期改进口译服务,并请秘书长全面审查在无口译的情况下举行已列入日历的非正式会议的原因;
9. 又回顾其第 56/64 B 号决议注意到秘书长不断做出努力,以丰富图书馆多种语文藏书和期刊;第 56/242 号决议第五节第 1 段请秘书长提出一份进展报告,说明电脑化名词数据库等信息技术的使用情况。
10. 还回顾其第 56/64 B 号决议,并强调在联合国公共关系和新闻活动中使用多种语文的重要性;
11. 请秘书长向大会第五十八届会议提出一份全面报告,说明大会关于使

用多种语文问题的各项决议的执行情况,包括本决议第一节所涉的问题;

二

12. 欢迎联合国教育、科学及文化组织大会于1999年11月17日决定宣布2月21日为"国际母语日",并吁请会员国和秘书处促进保存和保护世界各国人民使用的所有语文;

13. 请秘书长向大会第五十八届会议提出报告,说明会员国和联合国系统国际组织可采取何种措施,加强保护、促进和保存所有语文,特别是在语言上属于少数群体的人所使用的语文和濒临灭绝的语文;

三

14. 决定将题为"使用多种语文"的项目列入大会第五十八届会议临时议程。

联合国教科文组织政策文件

(2003年3月)

语言活力与语言濒危

语言多样性是人类最重要的遗产。每一种语言都体现了一个民族独有的文化智慧。因此,任何语言的消亡都将是全人类的损失。

尽管目前世界上仍有大约6 000种语言,但其中许多语言面临灭绝的危险。因此,迫切需要对这些语言进行记录,制订新的政策,采取新的措施增强这些语言的活力。

为应对这一威胁,语言社区、语言专业人员、非政府组织和政府的通力合作至关重要。建立起强有力的支持机制,帮助语言社区充分发挥保护濒危语言的重要作用,这项工作刻不容缓。

一、序言

所谓语言濒危,是指一种语言濒临灭绝的危险。如果缺乏足够的文献记录,一种已经灭绝的语言将永远无法复活。

如果一种语言不再被讲话人使用,或者其使用领域越来越少,或代际传承停止了,这门语言就处于危险之中。也就是说,这门语言不会再有新的讲话人了,包括成人或儿童。

目前约97%的人使用全世界约4%的语言;反过来,约96%的世界语言由仅约3%的人使用。可见,世界上大多数语言仅为人口极少的群体在不平衡地使用。

甚至连一些有数千人使用的语言,如今也不再有儿童学习掌握。在全世界6 000多种语言中,至少有50%的语言,其使用者正在流失。我们估计,到21世纪末,在全世界的大部分地区,约90%的语言可能被强势语言所取代。

语言濒危有时是外部力量的结果,如军事、经济、宗教、文化和教育等方面的强制;有时是内部力量造成的,如语言族群对母语的消极态度。内部压力往往源于外部压力,二者都阻碍了语言和文化传统的代际传承。

许多土著民族将其弱势社会地位归因于民族文化,认为自己的语言不值得保留,他们放弃自己的语言和文化,以期摆脱歧视,保证生计,增强社会流动性,或融入全球市场。

每种语言的消亡必将导致其独特的文化、历史与生态知识的消失,这是不可挽回的损失。每种语言都是人类对世界体验的独特表达。因此,任何一种语言的知识都可能成为解答人类未来重大问题的钥匙。每当一种语言消亡,我们对人类语言结构和功能模式、人类史前史,以及世界多样化生态系统的维护等方面的证据都会有所减少。最重要的是,使用这些语言的人们会痛苦地体验到,随着自己语言的消亡,他们原有的种族和文化身份也将丧失。

只有少数民族语言能够确立起自身在当代的重要功能,满足社群内部以及国内外现代生活的要求,提高对语言消亡和语言多样性的认识才会取得成功。这些作用包括在日常生活、商贸、教育、写作、艺术和媒体中使用这些语言,地方团体和国家政府的经济支援和政治扶持是确立这些作用的必要条件。

几乎所有国家都迫切需要有关少数民族语言现状的更为可靠的信息,以此作为各级机构开展语言支助工作的依据。

二、背景

《联合国教科文组织组织法》将维护和保持语言多样性作为一项基本原则:

> 通过教育、科学和文化来促进各国间之合作,对世界和平与安全作出贡献,以增进对正义、法治及联合国宪章所确认之世界人民不分种族、性别、语言和宗教信仰均享有、人权与基本自由之普遍尊重(见《联合国教科文组织组织法》第一条)。

联合国教科文组织根据这一基本原则,制订了若干计划,旨在促进把语言作为教育和文化的工具,以及作为人们参与国家生活的重要手段。

《濒危语言红皮书》是其中一个项目,其宗旨是:

1. 系统收集濒危语言相关信息(包括语言现状和研究的紧迫性)。

2. 加强有关濒危语言材料的收集和研究。迄今为止,这类活动还很少或尚未开展。一些濒危语言属于特殊范畴,如属于语言孤岛的濒危语言,或对语言类型学和历史比较语言学有特殊意义的语言。

3. 积极开展工作,在现有联系基础上,建立世界范围的项目委员会和作为大领域协调中心的区域中心网络。

4. 鼓励出版有关濒危语言的材料和研究成果。

然而,"红皮书"项目中却遗漏了一个关键目标,即直接与各濒危语言社区合作,维护、发展、复兴和传承该语言。对濒危语言社区的任何研究都必须是互惠和合作的。所谓"互惠",意味着研究者不仅要提供服务,以作为其从语言社区获益的一种回报,还要积极投身于语言社区去设计、实施及评估自己的研究项目。

在联合国教科文组织第三十一届会议(2001年10月)上,一致通过的《世界文化多样性宣言》确认了生物多样性、文化多样性和语言多样性之间的紧密关系。教科文组织的《行动计划要点》建议成员国与语言社群共同采取措施,以确保:

1. 维持人类语言的多样性,支持用尽可能多的语言表达、创作和传播;

2. 鼓励在所有层次的教育中实施语言多样化,鼓励自幼学习多种语言;

3. 酌情将传统教学法纳入教学过程,以期保存和充分利用文化上特有的交流和知识传播方法;在语言使用者社区允许的情况下,鼓励通过全球网络普及公共领域的信息,包括促进网络空间的语言多样性。

三、扶持濒危语言

(一) 语言社区的作用

在世界各地,少数民族语言成员越来越多地放弃自己的母语,转而使用另一种语言,包括在家庭教育和正规教育中。

在少数民族语言社区中,可以观察到对其母语前景的各种看法。一些濒危语言的使用者开始认为自己的母语落后且不实用。这种负面观点通常与占主导地位的语言社区的社会经济压力直接相关。不过,也有一些濒危语言的使用者试图直接应对这些语言威胁,并致力于语言稳定和复兴活动。这些社区可建立各种日托中心、学校,或至少开设只讲母语的班级。

总之,是使用者,而不是外来者,最终决定维持还是放弃本族语言。尽管如此,如果社群请求帮助强化其面临威胁的语言,语言专家应该向这些少数民族提供他们的技能,并与他们携手工作。

(二) 外来专家与语言社区

外来语言专家(主要指语言学家、教育工作者和积极分子)应将记录语言作为首要任务。这包括收集、标注和分析濒危语言的数据。第二项任务是积极参与教育计划。濒危语言使用者越来越多地要求支配研究的条款和条件;此外,他们要求对研究成果和未来用途享有权利。

在少数民族语言族群中,越来越多的人对研究工作提出了如下要求:(1) 要求对指导研究的条款和条件享有支配权;(2) 要求有权享有并在未来有权使用研究成果。(例如,他们想要知情同意权和否决权,想知道研究结果将如何使他们受益,想确定研究结果将怎样传播。最重要的是,他们期望与外来研究者有着平等的关系,期望在属于他们自己而不是别人的研究过程中成为积极的参与者。)

(三) 有何作为

正如言语社区成员对其语言濒危状况的反应不同,语言学家、教育工作者和活动家对言语社区的援助请求的反应也有所不同。这些请求主要涉及维持濒危语言的五个基本领域:

1. 基础语言学与教学培训:为语言教师提供基础语言学、语言教学方法和技术、课程开发和教材编写方面的培训。

2. 实现扫盲和本土语言记录技能的可持续发展:培训当地语言工作者在必要时创制文字符号,阅读、书写和分析自己的语言,并编写教学材料。对此,一项行之有效的措施就是建立地方研究中心,濒危语言的使用者在那里接受培训,学习、记录和整理母语材料。读写能力的培养对于这些语言的教学至关重要。

3. 支持和改进国家的语言政策:国家语言政策必须支持语言多样性,涵盖濒危语言。更多的社会科学家、人文学者以及濒危语言使用者本身,都应当积极参与国家语言政策的制定。

4. 支持和改进教育政策:在教育部门,越来越多的语言学家积极投身于母语推广教育计划。自1953年以来,特别是在过去15年中,联合国教科文组织通过其政策声明发挥了重要作用。然而,所谓的母语教育往往不是指用少数民族的祖先语言(即濒危语言)进行教育,而是指将这些语言作为学校科目进行教学。在学校教授少数民族儿童语言时,最常见的教育模式仍然是使用当地或全国的主导语言作为教学语言。这支持了强势语言的传播,却牺牲了濒危语言。例如,在大约2 000种非洲语言中,只有不到10%用于教学,但这些教学语言中没有一种属于濒危语言。我们赞成将地区性语言(通常称作"母语")纳入正规教育,但这不能以牺牲少数民族语言为代价[《关于少数民族教育权利的海牙建议(1996)》]。大量研究案例表明,习得双语能力根本不会削弱一个人的官方语言能力。

5. 改善生活条件,尊重濒危语言社区的人权:语言记录者虽然没有直接参与经济与社会发展,但可以帮助政府确定那些被忽视群体。例如,国家艾滋病宣传方案或减贫计划往往不考虑少数群体,尤其是其中的文盲群体。语言学者和教育工作者可以成为重要的调解人,支持帮助这些群体提出语言权和其他人权主张。同时,为这些边缘化社群制作有关医疗、社区发展及语言教育等方面的材料,也需要专家投入,需要以具有文化意义的方式传达观念和内容。

(四)语言多样性与生态多样性

在世界自然基金会划定的 900 个生态区中,有 238 个(常称作全球 200 个生态区)对于保持世界生态活力至关重要。在这全球 200 个生态区中,我们发现了大量的少数民族语言群体。这些社群长期生活于这种环境,在漫长的历史过程中积累了丰富的生态知识。

生物学的保护应当与语言学的保护并行发展。研究人员不但要探索两者的相似之处,而且要研究世界生物多样性和语言/文化多样性之间的联系,以及多样性在各个层面上丧失的原因和后果。这种联系本身就很重要,因为它表明生物多样性是由自然、文化和语言多样性组成的。路易沙·马菲将其称为"生物文化多样性",迈克尔·克劳斯则引入"语言圈"这一术语来描述连接世界语言的网络(类似于联结世界生态系统网络的"生物圈")。

(五)语言记录

一种不再能够维持、延续或恢复活力的语言,仍然值得对其进行尽可能完整的记录。这是因为每种语言都包含着独特的文化和生态知识,也因为各种语言不尽相同。对这类语言进行记录之所以重要,有以下几个原因:(1) 它丰富了人类的智力财富;(2) 它提供了一种文化视角,这对于我们目前的知识来说可能是全新的;(3) 记录过程常常能帮助母语者重新激活语言和文化知识。

四、评估濒危状况和进行语言记录的紧迫性

(一)警示

单独使用任何单一指标,无法评估一种语言的活力和说明记录该语言的必要性。语言社区复杂多样,即使准确评估一种语言的实际使用者人数也很困难。本报告设定 6 项指标用以评估语言活力和语言濒危状况,2 项指标用以评估语言态度,1 项指标用以评估记录的紧迫性。综合使用这 9 项指标,对于描述一种语言的总体社会状况特别有用。

（二）语言活力评估

1. 语言活力的主要评估指标

下面就评估语言活力的六项主要指标进行解释：(1) 语言代际传承；(2) 语言使用者的绝对人数；(3) 语言使用者占总人口比例；(4) 现有语言域的发展趋势；(5) 对新语域和媒体的回应；(6) 语言教育材料与读写材料。请注意：这些指标都不应单独使用，因为根据某个指标排名很高的语言，可能根据其他因素，却是需要立即紧急关注的语言。

指标1：**语言代际传承**

评估语言活力最常用的指标是它能否代代相传。濒危状况可从稳定至灭绝这一连续体按等级排序。然而，即使处于"安全"等级（见下文），也不能确保语言活力，因为语言使用者随时可能中止将语言传给后代。关于"语言代际传承"，可将濒危程度分为6个等级：

安全(5)：这种语言代代相传。没有迹象表明该语言受到任何其他语言的威胁，语言代际传承没有中断。

不够稳定(5-)：该语言由每一代人在大多数场合使用，代际传承无中断；但在某些重要交际场合，存在母语和一种或多种强势语共同使用的多语现象。注意，多语现象本身并不一定对语言构成威胁。

不够安全(4)：特定社区的大多数（不是所有）儿童或家庭把母语作为第一语言使用，但该语言仅限于特定的社会领域（如儿童与父母和祖父母的家庭互动）。

濒危(3)：儿童在家庭中不再将该语言作为母语习得，因此最年轻的使用者是父母一代。在这个阶段，父母可能仍然对孩子使用该语言，但孩子通常并不使用该语言应答。

严重濒危(2)：仅有祖父母辈或更老一辈人使用该语言；虽然父母一代可能仍能听懂这种语言，但他们通常不会对子女说这种语言。

极度濒危(1)：该语言最年轻的使用者已经是曾祖父母一代，且不再用于日常交流。这些老辈人通常也只能记忆起该语言的一部分，但并不使用它，因为已经无人能够用该语言与之交谈。

灭绝(0):没有人能使用或回忆起该语言。

濒危程度	级次	使用人口
安全	5	所有年龄段的人都在不同场合使用该语言
不够安全	4	仅有部分儿童在所有场合使用该语言;所有儿童仅在有限场合使用该语言
濒危	3	该语言大多由父辈及更上一代人使用
严重濒危	2	该语言大多由祖父母辈及更上一辈人使用
极度濒危	1	该语言多半由极少几位曾祖辈人在使用
灭绝	0	该语言已无人使用

指标2:语言使用者的绝对人数

虽然难以就语言使用绝对人口数作出有效解释,但是小型语言社区总是处于危险之中。与人口多的大社区相比,人口少的社区更易遭受大规模毁灭(如疾病、战争或自然灾害引致的死亡)。小的语言群体也很容易为毗邻语言群体所吞并,丧失自己的语言与文化。

指标3:语言使用人口占总人口的比例

语言使用人口占群体总人口比例是衡量语言活力的一项重要指标。这里的"群体"可能指语言族群赖以识别的种族、宗教、区域或民族群体。可按下列等级做出评估:

濒危程度	级次	语言使用人口占总人口的比例
安全	5	所有人都使用该语言
不够安全	4	将近所有人都使用该语言
濒危	3	大多数人都使用该语言
严重濒危	2	少数人使用该语言
极度濒危	1	极少人使用该语言
灭绝	0	该语言已无人使用

指标4:现有语言域的发展趋势

语言的使用场合、使用对象以及话题范围,都直接影响到该语言能否世代传承。

普遍使用(5)：该语言作为社群互动、认同以及思维、创作和娱乐活动的工具，而且积极应用于所有交际场合。

多语交替(4)：政府机关、公共部门及教育机构等大多数官方领域的主导语言通常是一种或几种强势语言，而非该族群的语言。不过，在许多公共场合，尤其是在传统的宗教机构、当地商店以及社区成员集聚场所，该语言仍然能够完好地使用。强势语和非强势语共存，导致说话者使用不同语言实现不同功能（即双语制）：在非正式场合和家庭里使用非强势语，在官方场合和公共场所使用强势语。语言使用者认为强势语是获得社会和经济机遇的语言。不过，该社群的老年人可能仍然保持仅使用本族语。应注意，多语制是一种世界普遍现象，并不一定导致语言消亡。

语域收缩(3)：非强势语正在失去使用场所。在家中，父母与子女的日常交流开始使用强势语，子女成为"半母语者"（接受型双语者）。父母和社群老辈能有效使用强势语和本族语：既能听懂且能说两种语言。在积极使用本族语的家庭中可能出现双语儿童。

语域有限且正式(2)：非强势语只用于社区高层次场合，特别是用于某些祭祀仪式和社区管理中。在社区中心、节日庆典场合，老辈人有机会聚集时，祖语可能仍然使用。有限的场合还包括：祖父母和其他长者世代同堂的家庭，以及其他老年人传统的聚会场所。许多人能听懂但不能说该语言。

语域非常有限(1)：非强势语只用于十分有限的特殊场合，通常只有族群中极少的几个人能使用，例如，某些礼仪场合中的主事者。其他一些人可能仅记得语言的些许（语言记忆者）。

灭绝(0)：该语言在任何时间和地点都无人使用。

濒危程度	级次	语域与功能
普遍使用	5	该种语言用于所有领域、所有功能
多语交替	4	在大多数社会域和大多数功能中使用两种或多种语言
语域收缩	3	该语言用于家庭以及用于诸多功能，但强势语言已开始渗入家庭
语域有限或正式	2	该语言的社会使用域有限，功能也有限

续表

濒危程度	级次	语域与功能
语域非常有限	1	该语言只用于极有限的语域,功能甚少
灭绝	0	该语言不用于任何语域,没有任何功能

注意:使用双语是全世界大多数地区的现实生活。要保持母语活力,并不一定要求该语言使用者是单语人,关键在于土著语言在具有重要意义的文化领域能发挥作用。

指标5:对新语域和媒体的回应

随着社群生活条件的改变,可能会出现新的语言使用域。有的社群成功将其语言功能扩展到新语域,而多数社群则无法做到。学校、新的工作环境、新媒体,包括广播和互联网,通常只对扩展强势语的范围和势力有帮助,而以牺牲濒危语言为代价。尽管濒危语言的现有领域可能不会丢失,但是强势语在新领域的使用往往会像电视一样让人着迷。

如果社群不能用自己的语言应对现代社会的挑战,那么其语言就会变得越来越无关紧要,被污名化。

濒危程度	级次	濒危语言所接受的新语域和媒体
活力十足	5	该语言用于所有新语域
很有活力	4	该语言用于大多数新语域
有活力	3	该语言用于许多新语域
勉强应付	2	该语言用于某些新语域
活力不足	1	该语言仅用于少数新语域
无活力	0	该语言不用于任何新语域

新语域的类型和用途可能随当地情况的不同而改变。使用这项标准的一个例子是:濒危语言可能享有一个新语域,如广播媒体(包括无线广播和电视),但每星期只有半小时。媒体使用该语言,名义上给予该语言以很高的地位,但极端的时间限制导致对该语言的接触有限,因而在等级排序中只能定为第2或第3等级。显然,不同的媒体,其绩效等级也各不

相同。

在教育领域,评估标准可从两方面确定:濒危语言在课程中的使用程度和范围。作为所有课程和各级教学语言的濒危语言,其级别将远远高于每周只教授一小时的濒危语言。

在评估濒危语言社区的反应时,所有新语域,无论是工作、教育还是媒体,都必须一并考虑。

指标6:**语言教育材料与读写材料**

语言教育对于保持语言活力至关重要。有些语言群体有很强的口语传统,他们不希望将其语言写成文字。而其他一些群体则以母语读写为荣。然而,总的来看,读写能力与社会和经济发展直接相关。需要针对不同年龄和语言能力的人编写各种题材的书籍和材料。

级次	书面材料的可及度
5	有现成文字系统和符合语法的读写传统,有词典、课本、文学作品和日常媒体。其书面语也用于行政管理和教育。
4	有书面材料可以利用,儿童在学校培养读写能力。其书面语不用于行政管理。
3	有书面材料,儿童在学校能接触该语言的书面形式,但不能通过社会出版物提高读写能力。
2	有书面材料,但可能只对族群某些人有用,对其他人仅具象征意义。该语言的读写教育没有列入学校课程。
1	有实用的文字体系为族群成员所了解,一些材料仍在编写之中。
0	该语言族群没有可用的文字。

2. 语言态度与语言政策

非强势语言的维持、推广或放弃可能受制于强势语言的文化,无论是区域性的还是全国性的强势文化。一个国家的语言意识形态可能会激发少数民族动员整个族群来维护其语言,也可能迫使他们放弃自己的语言。这些语言态度可能成为一股促进或弃用语言的强大力量。

强势文化的成员营造了语言意识形态,传播了一种价值体系。在这种价值体系中,他们自己的语言被视为积极资产,并视作地区或国家统一的象征。当几个较大的语言社群争夺相同的政治或社会空间时,其语言态度就可能相互冲突。这就造成了一种普遍看法:语言多样性会造成分裂,威胁国家统一。扶持单一的主导语言是应对这种现实(有时仅仅是感觉上的威胁)的一种尝试。在这样做时,管理机构可以对语言的使用进行立法,相应的政策就可能不鼓励甚至禁止使用其他语言。国家政策,包括缺乏公开政策,在任何情况下都会直接影响语言社群自身的语言态度。

(1) 语言态度和语言政策:强势与非强势语言社区

一国政府可能有明确的语言政策来管理境内的多语使用。一种极端情形是,一种语言可能被指定为该国唯一的官方语言,而其他所有语言受忽视;在另一极端,全国所有语言都享有同等的官方地位。然而,平等的法律地位并不能保证语言的维持和长期活力。

指标7:政府与机构的语言态度和政策(包括官方地位和使用)

政府和机构对强势语和非强势语有明确的政策或含蓄的态度。

同等支持(5):国家所有语言都视作财富,所有语言均受法律保护,政府实施明确政策鼓励维持所有语言。

差异化支持(4):非强势语受政府明确保护,但强势/官方语和非强势(受保护)语的使用场合存在明显差异。政府鼓励少数民族维护和使用自己的语言,通常在私人场合(如家庭语言),而不是公共场所(如学校)。某些使用非强势语的语域(如庆典活动)享有很高威望。

消极同化(3):只要强势社区的语言是社会交际用语,那么是否使用少数民族语言无所谓。尽管这并不是一项明确的语言政策,但强势族群的语言是事实上的官方语言。非强势语的大多数语域并不享有很高的声望。

积极同化(2):政府鼓励少数群体放弃自己的语言,用强势语言为少数群体成员提供教育。非强势语的口语和写作均不受鼓励。

强制同化(1):政府颁布明确的语言政策,宣布强势语言为"唯一"官方语言,而非强势语言既不被承认也得不到支持。

禁止使用(0):禁止在任何领域使用少数民族语言,只是在某些私人场合或可使用。

支持程度	级次	官方语言态度
同等支持	5	所有语言均受保护
差异化支持	4	非强势语主要作为私人场所的交际语言受到保护;非强势语的使用享有声望
消极同化	3	缺乏明确的少数民族语言政策;强势语主导各种公共交际场合
积极同化	2	政府鼓励语言同化,不保护少数民族语言
强制同化	1	强势语是唯一官方语言,非强势语既不被承认也不受保护
禁止使用	0	禁止使用少数民族语言

指标8:语言社区成员的母语态度

语言社区成员通常不会对自己的语言保持中立,他们可能将母语视作至关重要的族群身份认同,并加以推广,也可能只使用而不去推广;他们还可能以母语为羞而不愿将之推广,或者可能将母语视作讨厌的东西而刻意避免使用。

如果社群成员的母语态度十分积极,该语言就可能被视为族群身份的重要标志。正如人们重视家庭传统、节日和社群活动一样,社区成员可能将其语言视为文化核心价值,作为至关重要的身份认同。如果社区成员把母语视作阻遏经济改善和融入主流社会的因素,他们就可能对母语产生负面态度。

级次	社群成员的母语态度
5	所有成员都重视自己的语言并希望它不断发展
4	大多数成员都支持语言维持
3	许多成员支持保持语言,其他人则漠不关心或甚至支持弃用
2	一些成员支持保持语言,其他人则漠不关心或甚至支持弃用
1	仅少数成员支持保持语言,其他人则漠不关心或甚至支持弃用
0	无人关心母语是否被弃用,所有人倾向于使用强势语言

(2)语言态度与语言政策:相互作用及社会影响

不论是积极肯定、漠不关心,还是消极否定,语言态度与政府的语言政策和社会压力相互作用,其结果是增强或削弱不同的语言使用域。

在许多情况下,族群成员放弃其语言是因为他们认为别无选择,或者因为他们对自己"选择"的长期后果缺乏足够认知。在这种情况下,人们通常会面临非此即彼的选择(要么"坚持使用母语和保持族群身份而找不到工作",要么"放弃母语以获得更好的生活机会")。事实上,保持和使用两种语言会获得更好的生活机会。

当语言权势关系不平等时,弱势群体成员通常既使用本族语也使用强势语,最终可能只使用强势语。但与此同时,弱势族群也可能抵制语言统治,并鼓动其成员复兴或强化其语言。这种激进的语言策略必须适应特定的社会语言环境。通常有三种类型:

第一,语言复兴,即重新引入一种已有相当时间处于有限使用状态的语言。例如,以色列建国后的希伯来语,或爱尔兰的盖尔语。

第二,语言强化,即增强非强势语的使用域,以抗衡强势语言可能的威胁。例如,威尔士语。

第三,语言维持,即在实行多语制且有强势语存在的地区和国家,支持非强势语的口语和书面语(若有正字法)的稳定使用,如新西兰的毛里语。

要保持语言活力,理想的情形是,语言使用者不仅非常重视自己的语言,而且也知道能够在哪些社会领域得到语言支持。积极的态度是语言长期稳定的关键。

3.记录的紧迫性

指标9:语言记录材料的数量和质量

评估记录一种语言紧迫性的一项原则是,必须确切了解现有语言材料的种类和质量。文字材料十分重要,包括转写的、翻译的和注释的自然语言视听记录材料。这类资料有助于语言社区成员明确具体任务,并使语言学家能够与社区成员合作设计研究项目。

语言记录的性质	级次	语言记录
最佳	5	有综合语法和词典,大量的文本以及源源不断的语言材料;有充足的、经注释的优质声像记录材料

续表

语言记录的性质	级次	语言记录
优	4	有一部完整的语法著作和若干合适的语法书、词典、教科书、文学作品和偶尔更新的日常媒体;有足够的、经注释的优质声像记录材料
良好	3	有一部合适的语法或足够数量的语法描写,有词典、教科书,但没有日常媒体;声像记录材料的质量及注释可能参差不一
不完整	2	有一些语法概况、词汇表和教材用于有限的语言研究,但覆盖面不够;声像记录材料的质量参差不一,注释或有或无
不充分	1	仅有少量语法描写、简短词表以及零星的文本材料;无声像记录材料,或有声像材料,但质量差而不能使用,或完全缺少注释
无记录	0	无任何材料

(三)语言活力指数:评价指标的显著性

本节介绍如何综合考虑和运用上述9项指标。对于评估社区语言状况、语言维持、语言复兴、语言传承以及语言记录,确定需要何种扶持,综合使用这些表格是非常有用的。

语言活力因语言社区的情况差异而大不相同。不同条件下对语言记录的要求也有所不同。不能仅仅凭借这些指标数字的相加来评估语言。因此本报告认为,简单相加的做法并不可取。相反,可以依据不同的评估目标,考察上述语言活力指标。

总之,我们已经讨论了如下几项指标:

指标1:语言代际传承(级别);指标2:语言使用者的绝对人数(实数);指标3:语言使用者占总人口的比例(级别);指标4:现有语言域的发展趋势(级别);指标5:对新语域和媒体的反应(级别);指标6:语言教育材料与读写材料(级别);指标7:政府与机构的语言态度和政策(包括官方地位和使用)(级别);指标8:语言社区成员的母语态度(级别);指标9:语言记录材料的数量与质量(级别)。

以上指标描述作为指导性原则。每位使用者应根据当地情况以及要达到的具体目的加以调整。

示例1：语言社区的自我评估

语言社区可以检查这些指标，先评估其语言状况，再决定是否有必要采取行动。如有必要，下一步该如何行动。尽管所有指标都十分重要，但前6项尤其有用。语言社区成员或许发现其语言现在主要由祖辈和更长辈人在使用，因此就指标1"语言代际传承"来看，该语言可能被定性为"严重濒危"（第2级）。此外，社群还可能发现，他们的语言主要用于社群庆典和节日场合。那么，根据指标4"当前语言使用域的发展趋势"，该语言使用状况可定性为"语域有限或正式"这个级次（第2级）。再者，语言社群还可能了解到，根据指标8"语言社群成员的母语态度"，"大多数成员都支持语言维持"（第4级）。至此，便可得出结论：若不采取行动，他们的语言有可能在不久的将来消亡。他们也会发现，社区民众有意愿扭转语言转用，支持各种语言复兴工作。一旦语言社区对各项指标做出通盘考虑，并完成自我评估，将有充分的基础向相关机构寻求支持。

示例2：外部评估

其他群体（官方或民间组织）也可利用这些指导原则，评估语言维护、复兴、扫盲或语言记录。

如评估的语言不止一种，上述每项指标都可作为重要的对比项。这种比较结果为强化特定区域的语言多样性提供了种种可能性：有助于划分语言濒危严重程度的级次；教育民众认识语言多样性的重要性；制定语言政策，以维持语言多样性；鼓励语言专家应对语言转用；或者提醒国家和国际组织关注日益减少的人类智力资源。

五、结语

世界在保持语言健康和活力方面，面临着新的挑战。现在是世界各国人民汇集其资源并利用其语言和文化多样性优势的时候了。这意味着必须汇集各级资源，包括语言专家、当地语言社区、非政府组织以及政府和公共事业组织。

例如，在地方社区这一级，许多人过去几十年一直致力于开发语言教育项目，但其技术资源往往极其有限。与世界主要语种的教师不同，他们不仅缺乏地方政府现在经常要求的正规语言教学培训，而且缺少语言课程，甚至缺乏可用的语言描写基础资料。这些语言教师需要掌握多种技能：有些属教育学（如课程设置、教材编写、语言教学技术方法),有些属社会语言学(如分析正在发生的语言接触过程,分析祖语过去与现在的功能变化),有些则属于语言学(如语言数据收集、分析和描写)。

同样,语言学家、语言活动家及政策制定者也面临着一项长期任务:建立并推广最有效可行的机制,以维持和复兴全世界的濒危语言。最重要的是,他们有责任在研究项目中与享有平等合作关系的濒危语言社区协同工作。

我们都有责任确保未来不再有任何语言消亡,所有语言都将得到维护并延续到子孙后代。我们为什么要增强语言多样性?其原因就在印第安人纳瓦霍族老人的歌谣里:"如果你不呼吸,就无所谓空气;如果你不走路,就无所谓大地;如果你不说话,也就没有这个世界。"

(注:本文件部分译文参考了范俊军等在《民族语文》2006年第3期的译本。)

联合国教科文组织大会第三十二届会议

(2003年10月17日)

保护非物质文化遗产公约

第一章 总则

第二条:定义

在本公约中:

1. "非物质文化遗产",指被各社区、群体,有时是个人,视为其文化遗产组成部分的各种社会实践、观念表述、表现形式、知识、技能以及相关的工具、实物、手工艺品和文化场所。这种非物质文化遗产世代相传,在各社区和群体适应周围环境以及与自然和历史的互动中,被不断地再创造,为这些社区和群体提供认同感和持续感,从而增强对文化多样性和人类创造力的尊重。在本公约中,只考虑符合现有的国际人权文件,各社区、群体和个人之间相互尊重的需要和顺应可持续发展的非物质文化遗产。

2. 按上述第1款的定义,"非物质文化遗产"包括以下方面:

(a) 口头传统和表现形式,包括作为非物质文化遗产媒介的语言;

(b) 表演艺术;

(c) 社会实践、仪式、节庆活动;

(d) 有关自然界和宇宙的知识和实践;

(e) 传统手工艺。

联合国教科文组织大会第三十二届会议

(2003年11月21日)

关于普及网络空间及提倡和使用多种语言的建议书

序　言

大会,

承诺全面落实《世界人权宣言》和其他国际公认的法律文书中所宣布的人权和基本自由,牢记1966年关于公民权利和政治权利以及关于经济、社会和文化权利的两个国际公约,

注意到"联合国教育、科学及文化组织在信息与传播领域以及在贯彻该组织大会通过的有关这一领域的决定和联大有关这一问题的决议的相关章节方面所起的重要作用",

忆及教科文组织的《组织法》在前言中确认"文化之广泛传播以及为争取正义、自由与和平对人类进行之教育为维护人类尊严不可缺少之举措,亦为一切国家关切互助之精神,必须履行之神圣义务",

还忆及《组织法》第Ⅰ条规定教科文组织的宗旨与职能之一为"建议订立

必要之国际协定,以便运用文字与形象促进思想之自由交流",

坚决维护教科文组织大会第三十一届会议通过的《世界文化多样性宣言》所体现的原则,尤其是《宣言》的第5条、第6条和第8条,

参照教科文组织大会有关提倡多种语言和普及网络空间的各项决议,

相信新的信息与传播技术的发展为更好地使用文字和图像自由传播思想提供了机遇,

但也对确保人人参与全球信息社会提出了挑战,

注意到全球信息网络中的语言多样性和普及使用网络空间中的信息问题是当今许多争论的焦点,并将对知识社会的发展起到决定性的影响,

认识到要促进普及使用信息,必须考虑知识产权方面的国际条约与协议,

认识到信息匮乏者,特别是发展中国家,必须提高获得和应用新技术的能力,认识到基础教育和扫盲教育是普及网络空间的前提,

考虑到不同的经济发展水平会影响到网络空间的使用,必须制定特定的政策和加强互助来改变目前的不平衡现象,并营造一种相互信任与谅解的气氛,

特此通过本建议书:

开发多种语言的内容和系统

1. 地方、国家、地区和国际各级的公共部门和私营部门与民间组织应努力提供必要的资金和采取必要的措施,鼓励用数字化技术制作、处理和使用教育、文化和科学方面的内容,以减少因特网上的语言障碍和促进人际交往,从而确保所有的文化都能用不同的语言,包括本土语言,来表现自己和使用网络空间。

2. 会员国和国际组织应鼓励和支持在因特网上制作有地方特色和本土色彩的内容的能力建设。

3. 会员国应就网络空间中语言生存这一重要问题制定合适的国家政策,目的是在网络空间中促进包括母语在内的语言教学。应加强和扩大对发展中国家的国际支持和援助,帮助它们开发免费使用的数字化语言教材和提高这一方面的人员的基本能力。

4. 会员国、国际组织和信息与传播技术产业应鼓励合作研制、开发和根据本地情况改造具有多种语言功能的操作系统、搜索引擎和网络浏览器,以及网上词典和术语库。应支持国际合作,共同开发供大家使用的自动翻译工具和智能语言系统,如可用多种语言进行资料检索、编写总结或摘要和语音识别的工具,同时充分尊重作者的翻译权。

5. 教科文组织应和其他国际组织合作,建立一个网上观察站,随时了解使用多种语言和多语种的资料及其应用方面的现行政策、法规、技术建议和最佳经验,包括语言电脑化方面的革新。

推动网络和服务的使用

6. 会员国和国际组织应重视和支持因特网的普及使用,使其成为促进《世界人权宣言》第 19 条和第 27 条所确认的人权的工具。

7. 会员国和国际组织应制定必要的政策,将因特网的使用作为一项公益服务加以普及,以加快提高国民和公民社会的能力的步伐,并应充分考虑农村地区的需要,鼓励在发展中国家中切实执行和支持这些政策。

8. 会员国和国际组织应特别考虑公共机构、教育机构、弱势群体和残疾人的需要,在地方、国家、地区和国际各级建立相关的机制,收取可承受的电讯和网络费用,普及因特网的使用。为此,应在这一方面建立新的鼓励机制,包括鼓励公私合营以吸引投资和减少信息与传播技术使用方面的经济障碍,如降低对信息技术设备、软件和服务征收的各项税收和关税。

9. 会员国应鼓励因特网服务商考虑以优惠价格向学校、科研机构、博物馆、档案馆和公共图书馆等公共服务机构提供网络接入服务,作为向普及使用网络空间的过渡措施。

10. 会员国应鼓励制定信息策略和模式,推动社会各阶层使用信息技术,包括设立社区项目,培养当地的信息与传播技术带头人和顾问。这些策略还应鼓励公共服务机构之间在信息与传播技术方面开展合作,以降低使用因特网的费用。

11. 应本着国际合作的精神,在协商后公平分摊费用的基础上,鼓励发展中国家将私营的和非营利性的因特网服务商连接起来的因特网对接点与其他国家(无论是发展中国家还是工业发达国家)的对接点互相连接。

12. 地区组织和论坛应鼓励在地区之间和地区内部建立由大容量的地区骨干网络支持的网络,在公开竞争的环境中将所有国家在一个全球网络中连接起来。

13. 联合国系统内部应通力合作,交流在社会经济发展中使用信息与传播技术网络与服务的信息和经验,包括开放源码技术以及发展中国家的政策制定和能力建设。

14. 会员国和国际组织应在域名管理,包括多种语言的域名管理上,加强必要的合作。

开发公有的内容

15. 会员国应承认并保障人人都有通过网络获取公有的和政府持有的信息资料的权利,包括现代民主社会的公民应该了解的信息,同时充分注意这类信息的使用中的保密性、隐私性、国家安全和知识产权等问题。国际组织应承认并宣布每个国家都有获得与本国的社会或经济状况有关的基本数据资料的权利。

16. 会员国和国际组织应指定和支持公有知识信息库,供大家使用,从而营造有助于创作和扩大服务对象的学习环境。为此,必须提供充足的资金来保护公有领域的信息并将其数字化。

17. 会员国和国际组织应鼓励尊重公私双方利益的合作方式,使公有的信息在不受地域、经济、社会或文化歧视的情况下得到普及使用。

18. 会员国和国际组织应鼓励开放使用信息的措施,包括为信息的交流、软件的可移植性和互用性以及在全球信息网络上使用公有的信息制定统一的方法和技术标准。

19. 会员国和国际组织应促进和推动信息与传播技术方面的扫盲教育,包括普及信息与传播技术和建立起对它的信任。为信息社会培养人才至关重要,应将信息与传播技术的技能培训,与开放的、综合的和跨文化的教育结合起来。这种培训不应局限于业务技能,还应包括伦理原则与价值观意识。

20. 应加强联合国内部的机构间合作,以便把从各种发展项目和计划中积累起来的大量信息资源汇集成可供大家使用的知识,尤其是供发展中国家和处境不利的群体使用。

21. 教科文组织应与其他有关的政府间组织密切合作，编纂一部介绍各国有关公有信息的生产和在网上传播的立法、法规和政策的汇编。

22. 应当在充分尊重言论自由的前提下鼓励信息制作者、使用者和服务供应商总结和采用成功经验以及自觉遵守职业道德和公共道德。

重申公平兼顾权利拥有者与公众双方的利益

23. 会员国应与有关各方密切合作，修订本国的版权法，并使其适用于网络空间，同时充分注意国际版权和相关权利的公约中规定的确保作者、著作权和相关权利拥有者与公众之间公正与公平的权益。

24. 会员国和国际组织必要时应鼓励权利拥有者和著作权保护及相关权利保护的各种限制和例外规定的合法受益者确保只有在某些特殊情况下使用这种限制和例外规定，不得违反作品的正常使用，也不得构成对权利拥有者根据知识产权组织版权条约（WCT）和知识产权组织表演和录音制品条约（WPPT）所拥有的合法权益的无理侵害。

25. 会员国和国际组织应谨慎对待技术革新及其对在国际条约和协议规定的著作权保护和相关权利保护的范围内获取和使用信息可能产生的影响。

* * *

大会建议各会员国采取法律的或其他必要的手段实施以上各项条款，并在各自的领土和管辖范围内实行本建议书所提出的各项准则与原则。

大会建议各会员国要求负责信息与传播技术的政策、策略和基础设施工作，包括在因特网上使用多种语言，开发网络和服务，扩大因特网上的公有信息以及保护知识产权的公共部门及私人机构重视本建议书。

大会要求各会员国按大会指定的日期和方式向大会报告各国为落实本建议书所采取的措施。

以上为联合国教科文组织在巴黎召开的于2003年10月17日闭幕的大会第三十二届会议郑重通过的正式文本。

为此，我们于2003年11月21日签署本文件，以昭信守。

联合国教科文组织立场文件

（2003年）

多语世界中的教育

序言

全民教育意味着全民优质教育。在当今世界,这意味着要考虑当代社会中存在的多种不同的语言和文化背景。这对决策者构成了挑战,他们一方面要确保一个国家全体人口分享共同的规范,同时需要保护与特定语言和族群相关的权利。日益全球化的经济和社会越来越受数字知识的驱动,使这些挑战变得尤为复杂。联合国教科文组织坚定地致力于文化多样性的内在价值,并承诺维护这种多样性。教育既是文化多样性的工具,也是文化多样性的体现。此外,研究表明,作为双语教育方法的前提和补充,学习者以其母语学习效果最好。

这份《多语言世界中的教育》文件旨在澄清围绕这一辩论的一些关键概念和问题,并以简化和综合的形式提出了许多涉及语言和教育问题的宣言和建议。这些是教科文组织的指导方针和原则。它们是许多国际会议、联合国和教科文组织会议期间对话和讨论的成果,也是世界语言政策和教育领域的知名专家的成果。2002年9月在巴黎举行的一次专家组会议丰富了初始文本,同时有助于进一步探讨教科文组织在这一领域的作用。

我们希望这份文件有助于塑造全世界会员国关于语言和教育问题的观念,因此,我们鼓励将其翻译成尽可能多的语言。

引言

教科文组织在为教育政策和实践中的关键和复杂问题提供国际框架方面发挥着至关重要的作用。语言,特别是教学语言的选择,就是这样一个问题,常常引发强烈的对立和完全不同的立场。身份、国家地位和权力问题与课堂上特定语言的使用密切相关。此外,语言本身具有自身的动态性,并不断经历着连续性的变化过程,语言的演变影响着不同社会的交流模式。教育政策制定者在语言、学校教育和课程方面难以做出决定,因为技术和政治因素往往重叠。虽然有强大的教育论据支持母语(或第一语言)教学,但也需要让人们在学习使用当地语言和通过教育提供全球交流语言之间取得谨慎的平衡。因此,这份立场文件的目的是考虑与语言和教育有关的一些核心问题,并提供相关的指导方针和原则。在这样做的过程中,我们意识到需要明确说明与教育有关的语言政策,特别是在全民教育的背景下,以及在达喀尔目标方面,即确保到 2015 年所有儿童都能接受优质初等教育和到 2015 年成人识字率提高 50%。

1953 年,教科文组织发表了关于在教育中使用母语的专家报告,这仍然是教科文组织关于教育中语言问题的最常引用文件。然而,在过去 50 年中发生了重大变化:深刻的政治变革导致了新的语言政策,特别是在后殖民和新独立的国家;全世界有数百种语言已经消失,更多的语言仍处于濒危状态;大规模的移徙运动给其他国家带来了多种新的语言;互联网极大地影响了语言和语言用于交流甚至学习的方式;快速发展的全球化日益挑战了以语言为基础的小型地方性身份的继续存在。因此,教科文组织现在应该重新考虑其在语言和教育方面的立场。

本立场文件分为三个独立部分。在第一部分,我们介绍了与多语教育相关的关键概念。目的是澄清与语言和教育相关的一系列含义和术语。在第二部分中,我们综述了语言和教育的规范框架,首先是对联合国标准制定文书的分析;其次是对教科文组织具体公约和宣言的讨论,其中提到了语言和文化问题;再次是与语言和教育问题直接或间接相关的国际会议成果和建议。立场文件第三部分综合了在联合国和教科文组织主持下通过的许多关于语言问题的讨论和协议。这些文件被纳入一套指导方针和原则中,目的是明确教科文组织的立场,并以更容易理解的形式更广泛地传播。

一、多语言环境:教育系统面临的挑战

世界上许多国家的教育都是在多语言环境中进行的。大多数多语言社会已经形成了一种在日常生活中平衡和尊重不同语言使用的风气。从这些社会和语言社区本身的角度来看,多语制更多的是一种生活方式,而不是一个需要解决的问题。教育系统面临的挑战是如何适应这些复杂的现实,提供虑及学习者需求的优质教育,同时兼顾社会、文化和政治需求。虽然多元社会的统一解决方案在行政和管理上都可能更简单,但它们忽视了学习成绩和语言文化多样性丧失方面的风险。在本文件的这一部分中,我们讨论了围绕在不同语言环境中提供教育的一些基本问题。

(一) 语言多样性和多语现象

语言多样性反映了世界上多种语言的存在。据统计,世界上有6 000至7 000种语言。维护这种多样性是当今世界面临的最紧迫挑战之一。据估计,其中至少有一半在未来几年有消失的危险。虽然有些国家在语言上是同质的,如冰岛,但许多国家和地区表现出丰富的语言多样性,例如,印度尼西亚有700多种语言,巴布亚新几内亚有800多种语言。语言多样性的实际分布不均衡。世界上70%以上的语言只存在于20个民族国家,其中包括一些世界上最贫穷的国家。然而,总的来说,双语和多语言环境,即生活在同一个国家的不同语言群体的存在,在世界各地,无论是在北方还是南方,都是常态而非例外。双语和多种语言,即在日常生活中使用一种以上的语言,将是这些情况下的正常做法。

语言多样的语境涵盖了一系列场景。然而,从广义上讲,这要么与一个地区传统上更加多样化的情况相对应,这些地区长期使用几种甚至数百种语言;要么与最近的发展(特别是在城市集中区)相对应,这是移民现象的结果。在一些城市学校,学生中可能有多达30种或40种不同的母语。在所有情况下,都需要考虑到儿童在家庭语言和学校语言方面的特殊学习需求。

(二) 少数民族语言和主体语言

然而,语言多样性的概念本身是相对的,通常以国家边界来衡量,根据具体的国家背景,一些语言具有多数语言的地位,另一些语言具有少数语言的地位。例如,普通话是世界上使用最广泛的语言之一,有近9亿人使用,在中国是多数语言,但在其他只有一部分人口属于中国语言和文化的国家,面对这些国家的其他民族语言或多数语言,它具有少数语言的地位。同样,大国的少数民族语言可能被视为小国的多数民族语言。然而,世界上大多数语言,包括聋人手语和盲人盲文,在任何民族背景下都是少数民族语言。然而,"少数群体"一词往往模棱两可,在不同的背景下可能会有不同的解释,因为它可能同时具有数字和社会或政治层面。在某些情况下,它可能被简单地用作非精英或从属群体的委婉语,无论他们相对于其他在政治和社会上占主导地位的群体是占多数还是占少数。

(三) 官方语言和国家语言

虽然有 20 多个国家使用一种以上的官方语言(例如,仅印度一国就有 19 种官方语言,而南非有 11 种),但世界上大多数国家,无论在法律上还是事实上,都只承认一种官方语言用于政府和法律目的。这并不是说他们不是双语或多语言社会,而是说,虽然一个国家可能有许多广泛使用的语言,但这些语言不一定具有官方语言的法律权威。在许多以前处于殖民统治下的国家,官方语言往往是前殖民者的语言。除官方语言外,一些国家承认国家语言,这些语言是教育中的必备语言。在教育系统中选择的语言通过在正式教学中使用而赋予权力和声望。不仅有象征意义,即地位和知名度,还有理念意义,即通过该语言表达的共同价值观和世界观。

(四) 教学语言

校内或校外教学语言是指用于教学教育系统基础课程的语言。如何选择教学语言(教育政策可能建议使用多种教学语言)是发展优质教育的一个经常性挑战。一些国家选择一种教学语言,通常是官方语言或强势语言,而另一些国家选择的教育战略则使国家语言或地方语言都在学校教育中占有重要地位。与国家语言或地方强势语言不同,一些母语在教育系统中往往处于相当不利的地位,处于类似于外语的不利地位。

(五) 母语教学

母语教学一般指使用学习者的母语作为教学媒介。此外,它还可以将母语作为教学主题。母语教育被认为是优质教育的重要组成部分,尤其是在早期。专家的观点是,母语教学应包括母语自身的学习和通过母语学习其他课程。

"母语"一词虽然被广泛使用,但可以指几种不同的情况。其定义通常包括以下要素:一个人首先学会的语言;自我认同或他者认同的语言;一个人最熟悉的语言和使用最多的语言。"母语"也可以称为"首要语言"或"第一语言"。"母语"一词通常用于政策声明和关于教育问题的一般性讨论。出于这一原因,本文件保留了这一点,但需要注意的是,"母语"一词的使用往往不区分母语者所用语言的所有变体,包括用作学校母语的内陆变体和城市标准变体。儿童最早的母语体验不一定与学校版本的所谓正式母语相对应。一个显而易见但尚未得到普遍认可的事实是,用一种不属于自己的语言进行学习会带来双重挑战,不仅是学习一种新语言的挑战,也包含新知识的挑战。如果某些群体已经面临教育风险或压力,例如文盲、少数民族和难民,这些挑战可能会进一步加剧。性别因素贯穿于这些教育风险情况,因为女孩和妇女可能处于特别不利的地位。在大多数传统社会中,女孩和妇女往往是单语的,与她们的儿子、兄弟或丈夫相比,她们通过学校教育、劳务或移民接触国家语言的机会更少。

研究表明,在许多情况下,母语教学有益于第一语言的语言能力、其他学科领域的成绩以及第二语言学习。然而,母语教学原则的应用远非既定不变的规则。使用母语作为教学语言遇到的一些困难可能包括:有时,母语可能是一种无文字的语言;有时,该语言甚至可能不被公认为一种语言;可能仍需为教育目的制定适当的术语;该语言的教材可能短缺;语言的多样性可能加剧以每种母语提供教育的困难;可能缺乏经过适当培训的教师;学生、家长和教师可能会抵制母语教育。

(六) 语言权利

语言不仅是交流和知识的工具,也是个人和群体文化认同和赋权的基本依据。因此,尊重属于不同语言社区的人的语言对于和平共处至关重要。这既适用于多数族群,也适用于少数族群(无论是老居民还是新近移民)和土著人民。

在政治变革和演变的情况下,语言权利是少数群体表达的首要权利之一。这类语言权利要求的范围包括少数民族和土著语言的官方地位和法律地位,以及学校、其他机构和媒体的语言教学和使用。关于教育，国际协议为少数群体和土著群体规定的语言权利包括：如有需要，以其语言授课；可以习得更大社区的语言和国家教育系统的语言；促进对少数民族和土著语言及其所表达的文化持积极态度的跨文化教育；学习使用国际语言。

国际协议为国际客工及其家庭成员制定的教育权利规定：应通过教授学校系统中使用的语言来促进其子女的融入；应该创造机会，让儿童学习他们自己的语言和文化。

（七）语言教学

学校的教学语言是传播知识的交流媒介，这与单纯学习一种语言不同——其语法、词汇以及书面和口头形式构成了习得母语以外的第二语言的具体课程。学习另一种语言可以接触到其他价值体系和解释世界的方式，鼓励跨文化理解并帮助减少仇外心理。这同样适用于弱势和强势语言使用者。语言的教学方式在不断变化，不同国家甚至同一国家内的语言教学方式可能会有很大差异。这在很大程度上取决于语言和语言教学范式的流行概念，以及所教语言的地位。

（八）双语和多语教育

双语和多语教育是指使用两种或多种语言作为教学语言。在许多专业文献中，这两种类型被归入"双语教育"（bilingual education）一词。然而，联合国教科文组织于1999年大会第12号决议中通过了"多语教育"（multilingual education）一词，指在教育中至少使用三种语言，即母语、地区或国家语言，以及国际语言。该决议支持这样一种观点，即只有通过多语教育才能满足参与全球和国家事务的要求，只有通过多语教育才能满足特定语言和文化的不同社区的具体需求。在学习者的语言不是该国官方语言或国家语言的地区，双语和多语教育可以使母语教学成为可能，同时提供在该国和世界更大地区使用的语言。这种增益双语教学法不同于所谓的减损双语教学法，后者的目的是让儿童以第二语言作为教学语言。

二、语言和教育规范框架

语言在国际上的地位和作用一直是许多宣言、建议和协议的主题。其中有一些与语言和教育的讨论特别相关。我们首先在联合国协定和标准制定文书的框架内讨论语言问题,然后更多地提及教科文组织在国际层面的使命,并审议政府间会议提出的宣言和建议。本立场文件仅考虑具有国际性质的协议。

以这种方式介绍该框架,其目的是说明关于语言问题及其在教育系统中的重要性具有广泛的国际共识。

(一) 联合国标准制定文书

1948 年宣布的《世界人权宣言》作为制定标准的基本文书之一,规定了反对基于语言的歧视的基本原则,如"第 2 条:人人有资格享有本宣言所载的一切权利和自由,不分种族、肤色、性别、语言……"。

1966 年的《公民权利和政治权利国际公约》和 1992 年的《在民族或族裔、宗教和语言上属于少数群体的人的权利宣言》进一步规定了少数族群的权利。鉴于《国际公约》第 27 条更笼统地提及属于少数群体的人"与群体其他成员共同使用自己的语言"的权利,《宣言》明确涉及教育领域的语言问题,它在第 4 条规定,属于少数群体的人应有充分的机会"学习其母语或以其母语接受教育",并应采取措施"鼓励了解……少数群体的语言和文化"。

1989 年劳工组织关于独立国家土著和部落人民的第 169 号公约涉及土著人民的教育权利。第 28 条要求,在可行的情况下,少数民族的儿童"应被教导用自己的土著语言或他们所属群体最常用的语言读写",并"应采取适当措施,确保这些民族有机会流利地使用本国语言或该国的一种官方语言"。该条同时规定,"应采取措施保护和促进有关民族土著语言的发展和实践"。

就非国民而言,1985 年《非居住国国民个人人权宣言》第 5 条规定,"外国人享有……保留自己语言、文化和传统的权利"。1990 年《保护所有迁徙工人及其家庭成员权利国际公约》提出,"就业国应推行旨在促进迁徙工人子女融入当地学校系统的政策,特别是在教授他们当地语言方面",以及"母语和文化教学";他们还可以提供"为迁徙工人子女提供母语教育的特别计划"(第 45 条)。

1989 年《儿童权利公约》阐明了教育中语言问题的另一个方面。它强调语言也必须被视为一种教育价值。第 29 条规定,"儿童教育应旨在……培养对儿童……文化身份、语言和价值观的尊重"。

(二) 教科文组织宣言和公约

联合国教科文组织有权处理语言问题。从这个意义上讲,《联合国教科文组织组织法》第1条规定了语言不应引起任何歧视的基本原则:"确认世界人民不分种族、性别、语言或宗教,均享人权与基本自由之普遍尊重。"

更具体地说,在教育领域,1960年的《禁止教育歧视公约》规定了属于少数群体的人的教育权利。第5条与语言问题特别相关,因为母语和多数民族语言各自的作用被定义为:"少数民族成员有权开展自己的教育活动,包括……使用或教授自己的语言,但……行使这项权利的方式不得妨碍这些少数群体的成员了解整个社区的文化和语言并参与其活动。"

1976年《关于发展成人教育的建议》强化了母语的作用,因为该建议明确建议采用母语教学,并从更广泛的角度看待语言学习:"第22条:对于少数民族,成人教育活动应使他们能够……用母语教育自己和子女,发展自己的文化,学习母语以外的语言。"

1978年《关于种族和种族偏见的宣言》也提到了母语在教育中的作用,该宣言第9条建议"应采取措施,使外国血统群体的孩子能够接受母语教育"。

1995年《和平、人权和民主教育宣言和综合行动框架》促进外语学习(第19条)和"尊重属于……少数群体的人以及土著人民的教育权利",以促进社区和国家之间的理解(第29条)。

2001年通过的《世界文化多样性宣言》同样提到语言对于促进文化多样性的重要性。《执行宣言行动计划》第6条规定了语言在教育领域应发挥的作用,包括尊重母语、各级教育中的语言多样性以及从小促进使用多种语言。

(三) 国际会议成果

近年来在联合国主持下并遵循政府间协议举行的许多世界首脑会议都注意到语言的重要性。一个典型的例子是1995年第四次妇女问题世界会议通过的《北京宣言和行动纲要》,其中确认了平等接受教育的原则,且必须通过消除"基于……语言的各级教育中的歧视"来实现。

母语教学似乎是一个反复出现的问题。1993年在全民教育首脑会议上通过的《德里宣言和行动框架》在母语教学问题上采取了明确的立场,支持"以母语进行初步教学,即使在某些情况下,如果学生要有效地参与他们所属的更广泛的社会,他们可能需要随后掌握一门民族语言或其他更广泛使用的语言"。1996年《安曼宣言》也是全民教育国际协商论坛十年中期会议的最后公报,其中也提出了承认"母语在初级教育中的重要作用"的必要性。

第五次成人教育国际会议通过的1997年《汉堡成人学习宣言》阐明了这一问题对少数群体和土著人民的重要性,并建议"尊重和落实以母语学习的权利"(第15条)。世界人权会议(1993年)通过的《维也纳宣言和行动纲领》第一节第19段更广泛地规定,"属于少数群体的人有权……在私下和公开场合自由使用自己的语言,不受干涉或任何形式的歧视"。

1998年《21世纪高等教育世界宣言:愿景和行动》提出了在高等教育中使用多种语言的重要性:为了鼓励国际理解,"使用多种语言、教师和学生交流方案……应成为所有高等教育系统的组成部分"(第15条)。在语言和教育领域,国际教育会议(ICE)最近的报告和建议强调了以下重要性:正规教育开始时的母语教学,以促进教学、社会和文化方面的考虑;多语教育,旨在维护文化特性,促进流动和对话;外语学习,旨在促进社区间和国家间理解,成为跨文化教育的一部分。

三、教科文组织语言与教育准则

教科文组织多年来在这一领域的所有文件、协议和建议都有一些共同的基本原则。这些原则使我们制定了一套指导方针,代表了本组织在21世纪对语言和教育采取的现行做法,有助于说明国际社会的立场。这些准则完全基于对以往宣言和建议的审查,体现了对这一复杂而富有挑战性问题的不同看法。

一共有三项基本原则:

第一,教科文组织支持母语教学,以利用学习者和教师的知识和经验,提高教育质量。

第二,教科文组织支持各级教育中的双语和多语教育,将其作为促进社会和性别平等的手段,并作为语言多样性社会的关键要素。

第三，教科文组织支持将语言作为跨文化教育的重要组成部分，以鼓励不同人群之间的理解，确保尊重基本权利。

一系列更具体的方针与这些基本原则中的每一项相对应。

原则一：教科文组织支持母语教学，以利用学习者和教师的知识和经验，提高教育质量。

（一）母语教学对于初级教学和识字至关重要，应"尽可能延长到教育的后期阶段"：

"每个学生都应该用母语开始其学校教育"；

"成年文盲应该通过母语迈出识字的第一步，如果他们愿意并且有能力的话，可以学习第二语言"；

如果一个地方有多种语言，应设法"以母语安排教学"；

"如果混合群体不可避免，则应使用对大部分学生来说难度最小的语言进行教学，并应向不讲教学语言的学生提供特别帮助"。

（二）"只有为青少年、成人以及学童提供娱乐和学习方面充足的阅读材料，才能保持识字率"：

应促进教材和学习资源以及任何其他母语阅读材料的制作和分发。

（三）关于教师培训和母语教学：

"所有教育规划应包括在每个阶段尽早提供培训和提供进一步的培训，以培养足够数量的完全胜任的合格教师，因为他们熟悉本国人民的生活，能够以母语教学。"

原则二：教科文组织支持各级教育中的双语和多语教育，将其作为促进社会和性别平等的手段，并作为语言多样性社会的关键要素。

（一）首先应鼓励以母语进行交流、表达以及倾听和对话的能力；如果母语不同于官方语言或国家语言，应通过以下方式使用该国的官方或国家语言以及一种或多种外语：

➢ "早期习得……母语以外的第二语言"；

➢ 引入"第二语言……作为教学科目"，其数量"应逐渐增加"，并且"在学生充分熟悉它之前"不应成为教学语言；

➢ 在小学以这种第二语言作为教学媒介语进行继续教育，从而在整个学

校课程中使用两种语言获取知识,直至大学一级;
- 强化跨学科学习,在中学至少学习第三种语言,以便学生在离开学校时掌握三种语言的工作知识,这应代表 21 世纪实用语言技能的正常范围。

(二)"应促进中小学教师的国际交流,以便在其他国家的学校教授他们的学科,使用他们自己的语言,从而使他们的学生能够获得知识和语言技能。"

(三)应强调制定"旨在促进……网络空间语言教学的强有力的国家政策,并加强和扩大对发展中国家的国际支持和援助,以促进以电子形式开发可免费获取的语言教育材料,并提高该领域的人力资本技能"。

原则三:教科文组织支持将语言作为跨文化教育的重要组成部分,以鼓励不同人口群体之间的理解,确保尊重基本权利。

(一)应采取措施"消除各级教育中基于性别、种族、语言、宗教、国籍、年龄或残疾或任何其他形式的歧视"。

(二)应通过以下方式充分尊重"属于……少数群体及土著群体的人的教育权利":
- 落实"母语学习的权利"和"充分利用文化上适当的教学方法来交流和传播知识";
- 不仅通过母语,而且通过国家或官方语言以及全球交流语言进行教学,使少数民族和土著人民有机会参与更大的社区并为其做出贡献。

(三)教育应提高"对语言文化多样性积极价值的认识",为此目的:
- "应改革课程以促进少数民族历史、文化、语言和身份的积极融合";
- 应加强语言教学的文化成分,以便更深入地了解其他文化;
- "语言不应是简单的语言练习,而是思考其他生活方式、文学作品和习俗的机会"。

第五十八届联合国大会第 182 号(LVIII)决议

(2003 年 12 月 22 日)

有效促进《在民族或族裔、宗教和语言上属于少数群体的人的权利宣言》

大会,

回顾其 1992 年 12 月 18 日第 47/135 号决议及其后关于《在民族或族裔、宗教和语言上属于少数群体的人的权利宣言》的各项决议,

认为增进和保护在民族或族裔、宗教和语言上属于少数群体的人的权利有助于政治和社会稳定与和平,并丰富这些人所居住的国家整个社会的文化多样化和传统,

重申按照《在民族或族裔、宗教和语言上属于少数群体的人的权利宣言》,并如 2001 年 8 月 31 日至 9 月 8 日在南非德班举行的反对种族主义、种族歧视、仇外心理和有关不容忍行为世界会议所强调,各国有义务确保属于少数群体的人可以充分有效行使所有人权和基本自由,不受任何歧视,在法律面前完全平等;

敦促各国和国际社会促进和保护《宣言》所载的在民族或族裔、宗教和语言上属于少数群体的人的权利,包括提供适当的教育,便利他们参与国家的政治、经济、社会、宗教和文化生活的各个方面及国家的经济进步和发展,并在这样做时考虑到性别观点;

敦促各国酌情采取一切必要的宪法、立法、行政和其他措施,宣传和实施宣言,并吁请各国依照宣言进行双边和多边合作,以促进和保护在民族或族裔、宗教和语言上属于少数群体的人的权利;

促请各国采取适当措施保护在民族或族裔、宗教和语言上属于少数群体的人的文化和宗教场所;

邀请人权条约机构在审议缔约国提交的报告以及人权委员会特别代表、特别报告员和工作组的报告时,在各自的职权范围内继续重视注意在民族或族裔、宗教和语言上属于少数群体的人的处境和权利;

鼓励政府间组织和非政府组织继续参与促进和保护在民族或族裔、宗教和语言上属于少数群体的人的权利；

吁请促进与保护人权小组委员会少数群体工作组在多方面的参与下全面执行任务，尤其是根据其调查结果，酌情建议促进和保护在民族或族裔、宗教和语言上属于少数群体的人的权利的进一步措施；

第五十八届联合国大会第 250 号决议(LVIII)

(2003 年 12 月 23 日)

会议时地分配办法

大会，

重申其 1987 年 12 月 11 日第 42/207 C 号决议，其中请秘书长确保平等对待联合国所有正式语文，

又重申在关于采用多种语文的决议中有关会议服务的各项规定，

三

与文件和出版物有关的事项

1. 强调联合国的六种正式语文必须享有同等地位；

2. 重申第 52/214 号决议 B，并强调报告篇幅的任何缩减均不得影响报告的列报质量或报告内容；

3. 注意到来自秘书处以外的报告占印发文件的绝大部分，请秘书长审查有助于遵守有关限制页数的准则的方式和手段，并通过会议委员会向大会报告此事；

4. 又注意到在及时印发第五十八届会议文件方面已相对有所改进；

5. 关切地注意到除其他外，因编写文件的部门违反有关规则迟交文件，关于印发文件的六星期规则没有得到充分遵守，并鉴于延迟印发文件对政府间

机构和专家机构的运作产生影响,请秘书长采取纠正措施,确保六星期规则得到严格遵守,以利于文件及时印发;

6. 请秘书长确保依照大会第 55/222 号决议第三节第 5 段规定,在将会议文件张贴在正式文件系统和联合国网站方面遵守关于以所有正式语文同时分发文件的规则;

7. 关切地注意到秘书长报告(11)第 61 段,并重申以所有正式语文同时分发文件的规则不得有任何例外,同时强调所有文件必须在以所有正式语文同时分发之后才能张贴到联合国网站上的原则;

8. 再次请秘书长确保按照在六星期前提供文件以六种正式语文同时分发文件的规则;

9. 又再次请秘书长确保翻译在原则上应尽可能反映每种语文的特征,同时使决议的所有语文文件具有一致性;

14. 关切地注意到在印发逐字记录和简要记录方面出现延迟,为此请秘书长采取适当措施改变这种局面,以期及时印发有关文件;

15. 又关切地注意到大会议事规则第 59 条未得到遵守,并请秘书长确保在每届会议闭幕后十五日内,向会员国提供大会通过的决议;

16. 又关切地注意到西亚经济社会委员会以阿拉伯文印发的文件的比率有所降低,并请秘书长立即采取措施,确保在 2004—2005 两年期,该委员会的所有文件和出版物百分之百有阿拉伯文文本;

17. 重申其第 52/214 号决议 B 节,并再次强调,文件篇幅的任何缩减都不应对文件的列报方式的质量或实质内容造成不利影响,而且在涉及综合报告时应灵活处理。

四、笔译和口译有关事项

1. 关切地注意到一些正式语文的文件自译自审率很高,而且一些语文出现了翻译问题;

2. 请秘书长在更新工作量标准时处理一个问题,即自译自审的文件数量应定在何种水平才能确保所有正式语文文件的翻译质量;

3. 重申第 55/222 号决议第四节第 1 段中大会向秘书长提出的要求;

世界卫生组织第一一四届会议

(2004年4月19日)

在世界卫生组织内实行多种语言

1. 世界卫生组织正式语言中多种语言的使用和平等性曾是卫生大会若干项决议的主题。自2000年以来采取了很多措施加强世界卫生组织作为一个多语言组织的地位。这些措施包括：全额报销世界卫生组织工作人员语言培训的费用；扩大会议的翻译和同声传译服务；促进以所有正式语言提供文件和出版物并扩大世界卫生组织网址上的语言种类；以及任命了一名促进世界卫生组织多种语言工作的特别协调员。本文件提供了实施这项政策的最新情况。

2. 理事机构。世界卫生组织在卫生大会、执行委员会和区域委员会会议中提供正式语言的同声传译。2002年，这项服务扩展至理事机构的工作小组和起草小组的会议，从而使世界卫生组织烟草控制框架公约政府间谈判机构、审议执行委员会工作方法的不限成员名额政府间特设工作小组以及即将召开的审议《国际卫生条例》不限成员名额政府间工作小组获益。

3. 卫生大会的文件在大会开幕之前30天以六种正式语言散发给与会者。其他理事机构会议采用相同的时限，但执行委员会会议除外，它于2003年修订了《议事规则》，现在规定文件于开会的前六周散发给与会者。执行委员会和卫生大会各委员会的摘要记录提供英文、法文、俄文和西班牙文文本。1998—1999年，为理事机构会议翻译的六种语言总页数达24 560页；2000—2001年为28 640页；2002—2003年为29 500页。这一数量的增加主要是由于最近的双年度理事机构会议的增多所致。

4. 印刷材料。除了理事机构的文件外，本组织出版的印刷材料主要为英文，也有某些重要的材料有其他正式语言。这种情况需要得到改进，目前正在开展一项审议。一些材料也以非正式语言通过外部机构出版，世界卫生组织不支付费用。这种活动近年来有所增加。

5. 万维网。世界卫生组织网址(http://www.who.int)的导航顶层设计为显示英文、法文和西班牙文的内容。世界卫生组织新闻稿和"疾病暴发新闻"目前以这些语言上网,同时还提供越来越多的部门信息。在特别情况下原文将以其他语言张贴。

6. 世界卫生组织工作人员。自2000年1月1日起,世界卫生组织总部的职员获得全额报销由世界卫生组织、国际劳工组织和联合国驻日内瓦办事处提供的所有六种正式语言培训的费用。总部开辟了新的教室。因此,参加语言培训职员的数目有了显著增加:2003年9月至12月期间有811名职员注册了语言班,而2000年相同时期的人数为463名。

7. 空缺职位通知的标准和职员的录用包括严格地遵守对语言技能的要求,采用了一种评估候选人的记分系统。

8. 广播和出版物。提供具有高质量卫生信息的法文新闻传播媒介的活动在继续发展。通过外部承包给一个独立的专业制作者,世界卫生组织目前每月发行一张旨在进行广播使用的题为"健康是目的"的提供法文卫生信息材料的光盘。该光盘每月提供一个主题并有20条与卫生相关各种技术问题的两分钟的信息,以两个版本发行,一个版本为欧洲设计,另一个为世界上其他地区的听众设计。对这一材料的需求迅速上升;目前在欧洲它通过200个广播公司,500个频率,并在世界卫生组织所有其他地区通过118个广播电台进行广播。根据阿尔及利亚的一项要求,正在采取措施编制一档阿拉伯语节目,并正在与中国进行磋商播出中文节目。已向14个不同国家的听众提供了一档有关假药的特别节目。

9. 特别协调员。特别协调员促进世界卫生组织多种语言的职权范围包括就推动世界卫生组织内多种语言和多种文化的方式与一些会员国进行对话。在职者检查语言政策的实施情况并向总干事汇报进展和问题。

10. 联合检查组的报告和个案研究。联合检查组有关在联合国系统实施多种语言的报告,目的是帮助立法机构和秘书处维持和改进联合国系统组织普遍要求的多语言服务内容。向执行委员会提交的一份先前的报告阐述了世界卫生组织对该报告中每项建议的立场。联合检查组在报告之后提出了一项个案研究,它建议,除其他外,为使多种语言与预算拮据相适应,卫生大会应确定重点,总干事应向第五十八届世界卫生大会提交一份有关全组织多种语言的中期和长期行动计划草案。将向执行委员会第 115 届会议提交这项个案研究。

联合国教科文组织大会第 33 届会议文件

(2005 年 10 月 20 日)

保护和促进文化表现形式多样性公约

联合国教育、科学及文化组织大会于 2005 年 10 月 3 日至 21 日在巴黎举行第三十三届会议,

确认文化多样性是人类的一项基本特性,

……

忆及语言多样性是文化多样性的基本要素之一,并重申教育在保护和促进文化表现形式中发挥着重要作用,

……

意识到联合国教科文组织肩负的特殊使命,即确保对文化多样性的尊重以及建议签订有助于推动通过语言和图像进行自由思想交流的各种国际协定,

根据联合国教科文组织通过的有关文化多样性和行使文化权利的各种国际文书的条款,特别是 2001 年通过的《世界文化多样性宣言》,于 2005 年 10 月 20 日通过本公约。

第六条 缔约方在本国的权利

一、各缔约方可在第四条第(六)项所定义的文化政策和措施范围内,根据自身的特殊情况和需求,在其境内采取措施保护和促进文化表现形式的多样性。

二、这类措施可包括:

(一)为了保护和促进文化表现形式的多样性所采取的管理性措施;

（二）以适当方式在本国境内的所有文化活动、产品与服务中为本国的文化活动、产品与服务提供创作、生产、传播、销售和享有的机会的措施，包括规定上述活动、产品与服务所使用的语言；

第五十九届联合国大会第 309 号(LIX)决议

（2005 年 6 月 22 日）

使用多种语文

大会，

认识到联合国力求使用多种语文，以此在全球弘扬、保护和保留语文和文化的多样性，

又认识到切实使用多种语文有助于在多样之中求统一，促进国际谅解，

回顾其通过《在民族或族裔、宗教和语言上属于少数群体的人的权利宣言》的 1992 年 12 月 18 日第 47/135 号决议，以及《公民及政治权利国际盟约》，特别是其中关于在族裔、宗教或语言上属于少数群体的人的权利的第 27 条，又回顾其 1946 年 2 月 1 日第 2(I)号、1968 年 12 月 21 日第 2480B(XXIII)号、1987 年 12 月 11 日第 42/207C 号、1995 年 11 月 2 日第 50/11 号、1997 年 11 月 25 日第 52/23 号、1999 年 12 月 6 日第 54/64 号、2002 年 2 月 15 日第 56/262 号决议、2004 年 12 月 10 日第 59/126B 号和 2004 年 12 月 23 日第 59/265 号和第 59/266 号决议，

1. 注意到秘书长的报告 2 和联合检查组的报告；

2. 又注意到已任命一名新的使用多种语文问题协调员；

3. 着重指出，必须充分执行规定联合国正式语文安排和秘书处工作语文的各项决议；

4. 强调联合国六种正式语文享有平等地位至关重要；

5. 请秘书长继续通过会议管理，提供文件服务和会议与出版服务，包括提

供高质量的笔译和口译,确保联合国政府间机构中的会员国代表和专家机构的成员平等地使用联合国所有正式语文,用多种语文进行有效交流;

6. 满意地注意到秘书处愿意鼓励工作人员在有口译服务的正式会议上使用他们掌握的六种正式语文中的任何一种语文;

7. 回顾其第 59/266 号决议,其中重申需要尊重秘书处两种工作语文的平等地位,还重申根据需要在特定工作地点使用其他工作语文,并为此请秘书长确保空缺通知具体说明需要掌握秘书处两种工作语文中的一种,除非有关职位要求有特定的工作语文;

8. 又回顾其第 59/266 号决议,其中请秘书长继续采取必要措施,确保银河系统有联合国两种工作语文的版本;

9. 鼓励联合国工作人员继续积极利用现有培训设施,掌握一种或多种联合国正式语文,并提高其熟练程度;

10. 回顾其第 59/265 号决议,其中强调关于会议服务使用多种语文的各项决议的规定;

11. 又回顾其第 59/126 B 号决议,并强调在联合国公共关系和新闻活动中使用多种语文的重要性;

12. 重申联合国网站要实现六种正式语文完全平等;

13. 赞赏地注意到联合国各新闻中心,包括区域联合国新闻中心所做的工作,用联合国正式语文以外的其他语文印发新闻材料并用这些语文翻译重要文件,服务尽可能广大的受众,把联合国的信息传播到世界各个角落,加强国际社会对联合国活动的支持;

14. 欢迎联合国教育、科学及文化组织大会于 1999 年 11 月 17 日决定宣布 2 月 21 日为"国际母语日",并吁请会员国和秘书处促进保留和保护世界各地人民使用的所有语文;

15. 请秘书长向大会第六十一届会议提出报告,说明联合国系统内的国际组织可采取哪些措施来进一步保护、弘扬和保留所有语文,特别是在语言上属于少数群体的人所使用的语文和濒临灭绝的语文;

16. 请秘书长向大会第六十一届会议提出一份全面报告,说明大会有关使用多种语文的各项决议的执行情况,其中包括本决议所涉及的问题;

17. 决定将题为"使用多种语文"的项目列入大会第六十一届会议临时议程。

联合国新闻委员会第二十八届会议文件(A/AC.198/2006/3)

(2006年5月5日)

联合国网站在实现各正式语文平等方面的最新情况和进展

一、导言

1. 自1995年6月在本组织成立五十周年之际创建联合国网站以来,网站上六种语文的平等一直是新闻委员会关注的主要问题之一。迄今已有六次秘书长报告阐述了这个问题:A/AC.198/1999/6、A/AC.198/1999/9 及 Corr.1 和 2、A/AC.198/2000/7 - A/AC.172/2000/4、A/AC.198/2001/8、A/AC.198/2002/6 以及 A/AC.198/2005/6。秘书长在提交大会第五十七届会议的一份报告(A/57/355)中列述了为应对实现联合国网站各正式语文平等方面各种挑战而稳固设立六个语文股所需的资源。本报告介绍了联合国网站各语文平等方面的最新进展情况,并概述了今后进一步加强平等性的措施。

二、背景

2. 大会2005年12月8日第60/109 B号决议重申,联合国网站仍然是媒体、非政府组织、教育机构、会员国和公众非常有用的工具。该决议肯定秘书处新闻部在创建和维持网站方面所做的努力,并重申联合国网站需要实现六种正式语文的充分平等。大会注意到联合国网站的多语种发展和丰富情况已得到改进,但由于若干需要消除的限制因素,改进速度不如预期,并在这方面请新闻部与提供网站内容的部门协调,改进为实现联合国网站六种正式语文平等而采取的行动。

3. 大会同一份决议还注意到,通过将正式文件系统与联合国网站合并,并以六种正式语文提供联合国会议文件,该网站的多种语文性质得到了大大增进。此外,大会确认新闻部为落实残疾人无障碍访问联合国网站的基本要求而做的努力。大会吁请新闻部继续努力,使所有网页符合各种水平的无障碍环境要求,确保无障碍地访问网站。

三、目前的治理和管理

4. 会员国提出的关于实现联合国网站各正式语文平等的目标不仅对网站的管理机构新闻部,而且对提供内容的所有其他部门都提出了挑战。以往提交新闻委员会和第五委员会的报告已经提出过这个问题的绝对复杂性和现实性以及满足大会这项要求所需的资源规模。

5. 秘书处在实现联合国网站各正式语文平等目标方面所遇到的挑战是多方面的。最根本的问题是,编写文件的部门每天把更多的材料放到网址上,这些材料是以工作语文,即英文和法文编写的,其中英文占绝大部分。该网站如此不断地扩充,是在一个分散管理的机制下进行的。新闻部已经通过由本部主持的因特网事务工作组以及与其他内容提供部门进行双边协作,以切合实际的方式增进多语种发展和网站整体一致性。这一努力进展缓慢,表明新闻部推动实现平等目标的能力受到很大的限制,特别是鉴于所有各部在这方面都面临着预算和技术因素的制约。

6. 该网站必须持续更新,这意味着实现平等的挑战日益复杂。大会在第60/109 B号决议中重申,请秘书长确保将新闻部内部拨给该网站的资金及人力资源充分分配给所有正式语文,此外还指出,在这样做的同时应注意更新网站并且保持信息准确。

7. 有一些关于网站正式语文平等的概念问题非常重要,值得注意。只是简单地增加正式语文的网页数量并不是真正的解决办法,因为必须确保有技术资源可供支持这些网页。发布在网上的每个新信息都需要对监测和更新作进一步投入;否则建立该网站的宗旨将受到严重破坏,特别是鉴于在当今世界上,即时新闻和信息的电子来源众多。因此对所有正式语文网页的监测和更新职能进行资源投入至关重要,但是要这样做就必须在速度上做些牺牲,因为新材料需要等所有语文都处理完毕才行。

8. 虽然持续增加新材料对加强联合国网站的多语种性质提出了重大挑战,但技术革新却能以某些方式促成逐步实现这一目标。新闻部正致力于加强网站的多媒体性质,并藉此向日益众多的全球受众提供音频和视频材料。以所有正式语文、斯瓦希里语、葡萄牙语以及孟加拉语、印地语、印尼语和乌尔都语播放的电台文档,都在加强网站的多语种性质。以会议现场发言原文进行的网播现在已经开始,而且新闻部正计划逐步将网播扩大到其他正式语文。这也是在逐日加强网站的多语种性质。由于加强网站多语种性的根本目的是确保扩大全世界各国人民对联合国相关信息的访问,因而对网站的此种技术改进以及在更便利残疾人访问网站等方面取得的进展,是实现此目标的一个关键手段。

9. 关于须使用正式语文发布信息的任务规定,会员国已确认每个编写文件的部门都有责任以正式语文制作自己的网站。新闻部一直力求通过因特网事务工作组以及与编写文件的部门进行双边协作,在整个秘书处积极推进联合国网站的多语种性。但是,目前的治理结构欠缺有效的标准和问责,这注定导致网站缺乏多语种内容,编排缺乏一致,而且缺乏全组织统一品牌。各部门都在自行开发自己的网站,没有全组织的监督机制,而全组织监督机制能建立协商一致的标准和目标,不仅只是制定指导方针。在许多情况下,标准编码做法被废弃,造成系统不稳定。新闻部正在与管理部信息技术事务司协作审查整个治理机制,以确保所建立的系统能够在内容和技术上提供协调一致的全组织战略。其中一个重要方面是重振因特网事务工作组的活力,以便作为一个机制,更加有效地鼓励并与内容提供部门协作以所有正式语文发布信息内容。新闻部还正在与信息技术事务司协作制定软件和编程方面的共同技术标准,而非指导原则,并打算将这些标准定为全组织的一项要求。

10. 能够实现协调统一的一套治理制度对于网站的进一步发展和语文平等的逐步推进至关重要。目前的挑战是,如何订立一个协调一致的公众网站管理和治理机制,以便编写文件的部门能够创造性地满足自己特定受众——不论是政府官员、媒体、学术界、民间社会还是一般公众——的需求,同时确保技术基础设施统一,版面一致,树立全组织统一品牌,满足无障碍访问需求,并且必须以所有正式语文制作内容。有必要建立一个灵活有力而安全的体系，能够不断地扩大与发展,从而提高多语种内容管理的效率。

11. 新闻部在本职范围内,一直努力确保在涉及本组织及其活动的关键信息领域实现语文平等。例如,大会和安全理事会的网站以六种语文提供这两个组织的文件和活动信息;各新闻中心在24小时新闻循环播报中以所有语文提供突发新闻。联合国电台网页除了斯瓦希里语和葡萄牙语之外,还提供所有正式语文的电台广播新闻,而且所有新闻均每天更新。分配给各语文网址的资源有很大一部分消耗在这种日常更新和维护工作上。新闻部为各种会议和活动制作的网站也采用六种语文。虽然总体进展不如所期望的那样快,但是网站上的主要信息部分已经在加强网站多语种性方面取得了显著进展。

四、网站的目前使用情况

12. 访问联合国网站的访客来自199个国家和地区,每天浏览量超过一百万页。总访问量("点击次数")从2003年的21.6亿次增至2005年的27亿次。联合国网站目前每天平均访问量超过750万次。网页浏览量比访问量更能准确说明网站材料的实际使用情况。2005年与往年相比,整个网站网页浏览量和访问量都有增加。

13. 网站使用量增长的趋势就各语文站点而言,是一致的,只是增长规模差别较大。

14. 网址上的新网页总数稳步上升。新闻部目前负责这些语文的多数网页。处理其中大部分网页的网站服务科以英文和法文之外的语文发布新网页或更新的网页,其数量多于英文和法文,这表明在弥合关键领域各语种差距方面取得了同样的进展。此外还表明,创建新网页需要更多的维护和更新。

15. 大会第60/109 B号决议强调必须通过一项关于以多语种发展、维持和丰富联合国网站的决定,并请秘书长提出建议,以在新闻部内分别为六种正式语文设立单独的语文单位,以实现联合国正式语文的充分平等。

16. 由于设在西欧的联合国新闻中心关闭,因此2004年1月有一个P-4员额和六个一般事务员额被调到网站服务科。P-4员额正式征聘之后,新闻部于2004年12月成立了六个语文单位中的第一个,即阿拉伯网站股。按照大会2004年12月23日第59/276号决议第九节第2段的规定,新闻部提交了在2006—2007两年期方案预算范围内加强联合国网站能力的建议。为完成语文单位的设立工作,现已要求增设四个P-4员额。这四个员额已经得到大会批准。随着各语文单位的设立,网站语文股已经解散。该股P-4股长员额现已被任命为英文股股长。由此增强的能力将能够持续改善对每个语文站点的管理。相比之下,目前的状况是,由于请假安排、生病或旅行,每种语文在一年中大约有八个星期没有专业人员工作。能力加强之后,除英文之外各语文新网页的处理速度将会加快,其他部门在将本部门网页内容翻译成其他语文方面获得更多帮助,而且在维持现有网页方面将会有更多的资源可用。新闻中心和其他新站点的内容制作将得到更多协助,而且将会有更多由一些大学以公益目的翻译的材料得到处理。

17. 以往报告中已阐述了实现平等所需增加的资源规模。新闻部将利用第16段所提及的新资源,在不牺牲网站综合性也不妨碍随时更新的前提下,继续致力于提高平等性。新增所有语文的网页将以更高的频率上网。这个战略的关键是以覆盖广泛活动的大使用量网站为重点。网站的大会、安全理事会、新闻和电台部分已经实现了语文平等。新闻部将努力扩大这些部分。使用量高的部分将受到特别重视。

18. 新闻部已经采取若干措施,为加强网站多语种性质而补充人力资源。在此方面,新闻部要感谢西班牙政府继续为西班牙文网站的发展提供一名协理专家,此外也感谢法国政府提供一名协理专家,参与法文网站的工作。新闻部继续积极地利用若干正式语文的实习人员和技术熟练的志愿者协助工作人员开展工作。

19. 许多内容提供部门缺乏提供除英文之外其他正式语文内容的专业技能。新闻部一直在与其他部门分享本部门过去10年来所发展的专业技能,并且正在以费用回收的方式协助其他内容提供部门将其英文网页翻译成正式语文。例如,按照经济及社会事务部的安排,网站上的经济与社会发展部分以及"联合国日常议题"的许多网页都有所有语文的版本。目前正在与其他部门建立类似的安排,以协助其将内容翻译成其他正式语文。

20. 如以前报告所述,新闻部还利用外部学术机构以公益目的翻译的稿件来增加某些语文的网页数量。目前已经与萨拉曼卡大学(西班牙)、绍兴大学(中国)和明斯克州语言大学(白俄罗斯)签订了协议,导致增加了中文、俄文和西文新网页的数量。虽然这一举措增加了三种语文的可用材料,但是编辑、编程和程序处理方面的需要却因新闻部人力资源有限而成为充分利用这种翻译能力的瓶颈。预计新增员额将解决这个问题,从而能够更多地利用这些公益性翻译。

21. 改善用户在联合国网站上寻找信息的体验,已成为加强网站的一个重要方面。为此,2004年9月在联合国网站上成功地设置了全网站搜索引擎。联合国网站的访问者现在可以搜索所有正式语文的材料,检索联合国网站或正式文件系统或者总部以外若干参与部门网站中任一网站上的内容。搜索引擎正在将全世界共计36台联合国服务器编入索引。联合国所有六种语文(包括非罗马文字和双向语文)搜索页面和搜索结果页面内容和编排的全部定制工作都是由联合国内部人员完成的。这样使正式文件系统网址上也能具备全局搜索功能。

22. 为升级搜索引擎而进行的过渡工作于2005年11月开始,并于2006年1月底结束。通过这次升级,建立了更具体明确的搜索范围并实现了持续索引编排,这样便可通过搜索功能,无迟延地检索到新的材料。新闻部继续与信息技术事务司以及搜索引擎经销商合作,提高联合国网站的信息搜索速度和便宜度。为查找最可能符合搜索条件的网页,现已设置了关键词匹配。网站上已创建了新闻焦点网页,以便汇总类似信息的内容类型和范围。目前已设置一个用户反馈页,并已将其添加到所有联合国正式语文的搜索结果页面。但是,由于迄未确定所需经费,因此,要想充分利用并进一步开发搜索系统以满足其他内容提供部门为限定其网站的搜索结果而提出的定制搜索页面和种类的要求,就必须花时间去落实,而且只会是间歇性的。同样,为了快速回应不成功的搜索,有必要进行持续的监测。从管理角度来看,迫切需要对用户搜索的规律进行分析,这仍然是个难题。为切实有效地提供这种后续跟进,有必要专门投入资源,这意味着只能在限制其他方面的进展情况下才能从事这项工作。

23. 网站服务科目前正在利用内部技术和语文专业技能为所有语文从事

编程和图形设计，作为一种共同服务。引用统一字符编码标准（Unicode）的采用大大降低了为每种语文单独进行基础编程的必要性，从而通过减少手工输入精简了工作流程并缩短了开发时间，进而加快了信息交付的速度。Unicode的使用还使所有正式语文的网页样式更加统一。通过这些革新以及由于使用内部开发的数据库应用软件而实现的增产，也使得能够在现有资源范围内建立不同语文的站点。由于利用了这种能够导致在更短时间内创建语文站点的工作流程，新的联合国电台站点已经以所有正式语文建成启用。现在可以利用这些数据库，针对不断变化的新闻要求，以所有正式语文快速创建特定的新闻焦点网页。目前已为广播电台设置一个完全自动化的网页，使各广播电台能够从该网页上下载新闻报道和特别节目，以可以直接用于广播的音质格式进行转播。联合国的照片现在可以通过一个完全由内部人员开发的数据库驱动网页模块，在网上提供。随着数据库应用软件的快速增多，而且鉴于有必要建立备份和支持系统以维持此种日常运作，因此依然需要增加资源进行系统和应用维护。

24. 事实证明，联合国网播是一种成本低、效益高的通信手段，能够外展至全世界。联合国网播每天通过因特网以实时或点播的方式广播联合国会议实况，如安全理事会、大会、经济及社会理事会以及新闻简报、联合国总部各种会议和活动，以及联合国在海外举行的主要会议。联合国网播通过为世界各地的用户提供有关联合国公开会议过程的即时信息来加强透明度和改进无障碍访问。在2005年，超过175个国家的用户——实时或以调取存档的方式——观看了720多万个网播视频片段。2005年全年，网播每日时刻表电子邮件通知系统增加了2 196名订户，使订户总数达到4 948个。

25. 一个新的网播演播室现已投入运行，新增的设备导致可以扩大网络播放。在会员国的要求下，大会、安全理事会和经济及社会理事会的所有开幕会议都以发言原用语言和英语音频进行网播。从2005年世界首脑会议开始，直到大会的一般性辩论，都采用了这种做法。这进一步推进了语文平等目标的实现。联合国网播取决于适当网播设施和资源的提供情况，它计划将其因特网广播服务拓展至所有六种正式语文。

26. 新闻部一方面努力实现联合国网站六种正式语文的平等，特别是加强多语种新闻中心门户站点以及力求扩大其以各种正式语文同时进行网播的能力;另一方面非常清楚地认识到有必要在资源许可的范围内,帮助网站用户以联合国六种正式语文之外的语文获取联合国信息。新闻部目前通过 27 种其他语言,向各地受众报道联合国的各种活动,从而扩大了普遍性,这在很大程度上要归功于联合国各新闻中心针对这些当地受众而开展的工作。

27. 由于现在要求确保让残疾人,包括有视觉和听觉残障的人能够无障碍地访问联合国网站,有一部分现有资源已经分配用于这方面的工作。各国之间以及国际因特网社会内的各种标准差异悬殊。迄今尚未出现一套可以适用于所有语文的公认标准。新闻部一直与经济及社会事务部和谐社会发展科以及通过该科与外地专家一道致力于在此方面取得进展。新闻部已经开始使用某些软件,使开发者可以部分实现测试自动化,以满足无障碍访问和可用性的准则,并简化理解和遵循万维网联盟标准的过程。万维网联盟标准目前是唯一受到全世界承认的标准。新闻部至今已经达到了网站顶层的基本无障碍访问要求,而且目前仍致力于在更广的范围内落实无障碍访问。正在采取的措施如下:

(a) 确保所建立的所有新网页都符合公认的万维网联盟标准;

(b) 维持结构和编排两要素之间的差异,酌情使用样式表;

(c) 使用超文本标记语言(HTML)4.0 版的功能,以提供有关各要素目的和功能的信息;

(d) 确保能够用键盘浏览网页;

(e) 对于用户代理不显示的包括图像、脚本、多媒体、表格、表单和框架在内的非文字内容,则提供访问这些内容的其他途径。

28. 必须指出的是,确保遵守残疾人无障碍访问的最低要求并非没有代价。目前为此而做的努力已导致在总体上减慢了现有网页的制作和更新。平均而言,对于每个新网页或更新的网页,需要 15%—20%的额外处理时间才能达到这些要求。现有网页的开发和更新已经减少,进一步减缓了实现正式语文平等的进度。

五、远景展望

29. 新闻部计划更新网站的基础设施,以便用户能够更快地查到其实际搜索的特别内容。改善网站的导航功能和可用性对于网站是否成功至关重要。为实现这个目标,在网站发展过程中必须进行详细的网站流量分析。更加细致的分析能够为不同语文的热门话题进行优先排序。网站服务科持续监测和分析网站的使用情况,并提供了几乎 150 份每日和每月记录的分析统计数据。2005 年扩大了记录的分析功能,以引入新的分析参数(关键词分析、更易识别的访客所在国位置、中断链接报告等),并确保改善对用户需求的反应以及加强质量控制。但是,在可用资源的分配方面,网站开发、各语文平等、残疾人需求的满足和网站分析之间必然会出现一种互有得失的情况。

30. 在实现各语文平等过程中所出现的制约因素之一是各编写文件部门的可用技术资源水平。新闻部与人力资源管理厅训练处协作,提供了内部相关网络开发软件的专门培训。这种成本低、效益高的措施为所有在各自站点工作的人员提供了提高技能和生产力的机会。上文第 16 段述及网站服务科四个新 P-4 员额所带来的好处,包括加速增加网页,尽管这样做的速度和规模将受持续正常维护和升级工作的必要性的影响。征聘具有适当的网络设计和编程能力的低级工作人员一直是个问题。由于在过去两年中,其他职类工作人员转专业职类工作人员的竞争性考试和国家竞争性考试没能选出合适的工作人员,因此网站开发股的三个 P-2 员额只能由临时人员填补。为解决这个问题,2005 年新闻部与人事厅协作,举办一次网站开发方面的专门国家竞争性考试。

31. 新闻部正在与信息技术事务司以及其他内容提供部门协作寻找一套能够解决网站对语文、编排、多媒体和无障碍访问的要求的企业内容管理系统,以及一套企业搜索系统。事实证明,搜寻工作极为复杂,因为目前似乎没有任何集成系统能够完全满足所有这些要求。新闻部正在与信息技术事务司和其他内容提供部门协作,继续对各系统进行评估。

32. 新闻部在等待确定、购置和安装企业内容管理系统的同时,将于 2006 年继续重新设计联合国网站的某些部分,并且将逐步添加更多的数据库驱动功能。今后将采用日益自动化的过程以及便捷的新闻和最新动态查询方法,此外还将改进导航、编排、搜索和无障碍访问以满足残疾人的要求。

33. 新闻部还在多种语文桌面项目上与信息技术事务司合作,提供关于标准企业应用工具如何设置的信息,使这些工具能够用于三种非拉丁语系的正式语文,并且探索这些设置可否自动设定。

34. 为达到新的技术标准和要求,新闻部将继续与信息技术事务司合作及协作,以改善网站的技术基础设施。在 2005 年后半年,数据库服务器几乎到了出现危机的地步,但在更换新设备后,性能有了显著提高。改善技术基础设施的计划包括扩充信息传播的能力、通过简易信息聚合馈送来获取新闻、向移动设备发送新闻以及创建新闻邮件发送名单。由于在处理大量外发邮件方面有技术基础设施方面的要求,因此各语文的电子邮件新闻通知服务将逐步实施。

35. 联合国系统门户网站项目也正在进行。信息技术事务司与用户部门一道,已经完成了确定需求阶段,目前正转入评估阶段。

六、结论

36. 新闻部正努力加速实现网站各正式语文的平等。设立新的 P-4 员额非常有益,能够为应付 A/57/355 号文件所述各正式语文之间平等的挑战提供大部分所需资源。成立单独的语文股之后,新闻部将能够增加上传到网站上的新材料数量以及所需的维护和更新。新闻部也将更有能力在更强有力的治理机制支持下,与内容提供部门合作,加速它们以所有正式语文发布网页材料。其他措施,包括在技术上做必要的改善,将会增进这种积极的发展。

37. 但是,平等不应以牺牲质量为代价。网站的持续发展对于确保用户满意度以及扩大信息访问率至关重要。为此,目前正在彻底更新技术基础设施,并且正在寻找一套新的内容管理系统,同时还正在对网站进行修改,以建立更好的导航功能并改善残疾人的无障碍访问。

38. 新闻部现在侧重于网站的关键部分,不仅注重有文字信息的新网页,而且注重网播、音频、视频和照片资料。所有这些内容都有助于增强联合国网站的多语种性质,并且都是为了不断将其服务扩大到世界各地更广泛的受众。

世界卫生组织执行委员会第一二一届会议

(2007年4月19日)

多种语言:行动计划

1. 多种语言一直是执行委员会和卫生大会一系列讨论和决议的主题。特别是,理事机构审议了联合国联合检查组关于在世卫组织改进多种语言和信息获取,包括起草一项行动计划的建议,以及在实施方面取得的进展。为对联检组的建议做出反应,以下提交一份行动计划草案,其中包含一系列具体建议以便在世卫组织推进多种语言的使用。计划草案确定与监测和评价进展的目标和指标相联系的中期和长期目标。

2. 世卫组织需要以多种语言交流和传播信息,以便有效地工作。语言不应是履行其职权、满足会员国的卫生需求的一个障碍。一个使用多种语言的世卫组织能够做好更好的准备,以传递卫生知识,产生和传播卫生信息,以及以公平的方式开发、共享和利用卫生知识。它还处于更好的地位应对当今重大公共卫生挑战:加强卫生系统,以便向所有人提供基本卫生保健。

3. 在世卫组织的工作中促进文化和语言多样性方面已取得进展。自1978年以来以所有正式语言出版提供的理事机构文件,自1998年以来已同样可在线获取。自1978年以来在理事机构会议上还提供了同声传译,并且最近已在这些会议期间的起草小组会议上采用。世卫组织是联合国系统有网站的少数组织之一,有所有正式语言的用户界面及导航。自2006年以来,世卫组织已极大地增加提供多种语言的卫生信息,包括多种语言信息产品、多种语言在线界面和网络纵深层次多种语言内容。世卫组织美洲区域办事处已编撰一部多种语言字典,并且世卫组织东地中海区域办事处有一个项目以土著语言增加提供卫生信息。秘书处向所有工作人员免费提供语言培训。

4. 然而,会员国对世卫组织工作的某些方面仍然未充足地使用多种语言提出了关切,特别是,秘书处没有为公平获得的目的确定信息产品优先顺序的机制,并且这些产品并未始终以所有正式语言及时充分提供。会员国已要求在翻译的数量和及时性方面做出改进,并要求更广泛的质量控制;它们强调使用多种语言不只是六种联合国正式语言,并且在需要时,世卫组织出版物和文件的翻译应以地方语言提供。秘书处将在中期战略性计划(2008—2013年)内处理这些关切。

建议的行动

5. 翻译重点。出版政策审查小组获得了关于能相互理解的相近语言或语族的数据,可用于为特定卫生问题和地理区域确定语言群体的目标并确定出版物翻译语言的优先顺序。但是,提供更公平获得多种语言信息的关键是"通过加强秘书处应置于重点的有关信息产品的选择"。因此,秘书处打算为确定所选技术和其他信息产品的翻译重点制定一项明确有效的战略和机制。在某些区域办事处,一个出版委员会确定主要出版物的重点。以往曾经存在的相似权威机构可在其他区域设立,并且在总部予以恢复。

资源:建议的机构将包括高级技术和管理工作人员。

目标:确定所选信息产品翻译重点。

指标:已出版的多种语言标题数。

6. 多种语言网络编辑小组。还打算为六种语言网站建立一个专职编辑小组,将与本组织的工作人员进行合作。该小组将帮助为本组织各级多种语言网站提供适合语言受众的内容,确保网站层次的质量和深度并通过审批机制提交建议。

资源:网站的一些多种语言编辑能力已经存在,可予以扩大以确保所有语言均有编辑。

目标:增加网络高质量多种语言内容量。

指标:网络多种语言页面数。

7. 机构存储库。多年来已可通过世卫组织的网络图书馆及世卫组织图书馆数据库(WHOLIS)和通过其他世卫组织网站获取理事机构文件以及世卫组织出版物和文件。但是,在这些材料中,有一部分只可获得印刷品,并且不能以所有正式语言检索在线提供的所有文件。建议世卫组织的网络图书馆WHOLIS应予以扩大和合理化,使之成为在单一地点以数字形式收集和储存世卫组织知识成果的一个机构存储库。该存储库可包含理事机构文件、技术出版物、区域文件等等。所有项目将获得适当的百万数据(即提供关于其他数据的信息的数据集),使能通过网络浏览器对内容进行多种语言检索。这将涉及扫描过去遗留下来只能以印刷品获得的文件和出版物并酌情将文件从图像转换成字符格式。机构存储库的其他优点是提供世卫组织文献的开放式存档,使之可在线获取,并提供更具效率、更有成本效益的信息传递和数据储存系统。

资源:必须扫描约600万页出版物和文件并增加百万数据,使能对全部收藏品进行多种语言检索。

目标:建立一个可检索和自由访问的在线多种语言机构存储库。

指标:扫描和转换的文件和出版物数。

8. 风格和术语。以所有语言有效沟通需要一致使用主要术语和短语。虽然某些语言存在区域差异,但是就公共卫生而言,它们仍然是例外。在本组织内,各语言的语言用法以及特别是技术和特定公共卫生术语和短语必须保持一致。打算制定一项明确政策,以便在本组织内使风格和术语标准化。标准化有助于提高世卫组织多种语言信息产品和网络内容的质量。许多规划已有风格准则和术语汇编,将按各语种进行汇总。

资源:已有风格指南和术语汇编。汇总过程需要从事有关语言工作的技术编辑。

目标:汇总所有正式语言的风格指南和主要术语汇编。

指标:已出版的风格指南数。各正式语言术语汇编覆盖的技术领域百分比。

9. 出版物。为优化目前程序并促进以更具成本效率、标准化的电子格式出版,建议以可扩充标记语言(XML)为基础采用合理化工作流程。试点研究显示,以XML为基础的排版可比传统排版便宜30%至40%。有了XML的源文件,可以极少的额外费用以多种格式印制一种信息产品,并且可降低同一文件的多种语言版本排版和网络出版费用。这些源文件还便利在修订版中再次使用内容。

10. 以极少额外费用从 XML 工作流程获得的格式之一是按需印刷文件,使出版物可在多个目的地印刷。这一过程产生印刷和邮寄节约,释放资金用于多种语言版本。地方使用者还可使世卫组织的内容适合它们的文化和语言。

资源:通过采用合理化工作流程和制作过程,减少出版费用,从而可获得资金。

目标:为信息产品建立 XML 工作流程,以便利以不同语言提供。

指标:多种格式的多种语言出版物数量。

多种语言的协调

11. 在将多种语言项目纳入秘书处的工作之前,上文建议的行动的实施将由一名协调员进行监督。职能包括:

➢ 协调多种语言活动,草拟一项多种语言使用的战略以及汇总政策和准则;
➢ 与权威机构合作,制定机制为确定出版物翻译的重点提供指导;
➢ 鼓励使用新技术,使工作流程合理化并最终释放资源用于多种语言项目;
➢ 制定多种语言出版物和文件的技术准则和执行现有准则;
➢ 就多种语言的所有方面提供建议;
➢ 与职工培训服务和人力资源一起致力于为职工设计课程以提高对使用多种语言和多文化主义的认识;
➢ 建立和维持使用多种语言方面最佳做法的数据库;
➢ 与本组织各级密切协作,促进更多合作和交流;
➢ 在本组织内外不同语言群体的合作下,审查卫生信息需求和鼓励虚拟卫生图书馆的实施。

行动计划所需资源

12. 在中期战略性计划(2008—2013 年)时期实施上述建议的行动的费用,包括职工和活动费用,估计为 2 000 万美元。在得到充分实施时,若干活动将为本组织实现成本节约。最初必须在中央服务的技术方面做出投资,而各规划以后将通过减少出版和传播的费用实现节约。

第六十一届联合国大会第 295 号(LXI)决议

(2007 年 9 月 13 日)

联合国土著人民权利宣言

第 13 条

1. 土著人民有权振兴、使用、发展和向后代传授其历史、语言、口述传统、思想体系、书写方式和文学作品,有权自行为社区、地方和个人取名并保有这些名字。

第 14 条

1. 土著人民有权建立和掌管他们的教育制度和机构,以自己的语言和适合其文化教学方法的方式提供教育。

3. 各国应与土著人民共同采取有效措施,让土著人,特别是土著儿童,包括生活在土著社区外的土著人,在可能的情况下,有机会获得以自己的语言提供的有关自身文化的教育。

第 16 条

1. 土著人民有权建立使用自己语言的媒体,有权不受歧视地利用所有形式的非土著媒体。

联合国大会议事规则(2008年版)
(A/520/Rev.17)

(包括截至 2007 年 9 月大会通过的修正和增订条款)

联合国大会议事规则

八、语文

正式语文和工作语文

第五十一条

阿拉伯文、中文、英文、法文、俄文和西班牙文为大会及其各委员会和小组委员会的正式语文和工作语文。

口译

第五十二条

以大会六种语文中的任何一种语文所作的发言,应口译成其他五种语文。

第五十三条

任何代表可用大会语文以外的一种语文发言。在此情况下,他应自行安排,将发言口译成大会或有关委员会的语文之一。秘书处口译人员可根据口译成的第一种此种语文,将发言口译成大会或有关委员会的其他语文。

逐字记录和简要记录所用语文

第五十四条

逐字记录或简要记录应尽快以大会各种语文编制。

《联合国日刊》所用语文

第五十五条

在大会届会期间,《联合国日刊》应以大会各种语文印发。

决议和其他文件所用语文

第五十六条

所有决议和其他文件应以大会各种语文印发。

以大会语文以外的语文印发文件

第五十七条

大会及其委员会和小组委员会的文件,如经大会决定,可以大会或有关委员会语文以外的任何语文印发。

国际民用航空组织大会第三十七届会议决议(Doc 9902)

(2010 年 10 月 8 日)

语文和行政服务

语　文

A37－25:国际民航组织语文服务政策

鉴于根据大会相关决议和决定,以国际民航组织的工作语文提供高质量的服务,对在全球范围内分发国际民航组织编制的文件,尤其是标准和建议措施(SARPs),以及对本组织及其常设机构的正常运作都非常重要;

鉴于使本组织所有工作语文等同提供服务和维持质量至关紧要;和

鉴于确保所有缔约国以国际民航组织所有工作语文统一和一致地理解国际民航组织出版物以维持国际民用航空的安全和保安并尽量减少航空对环境的影响极其重要;

大会:

1. 重申使用多种语文是实现作为联合国的专门机构的国际民航组织的目标的基本原则之一;

2. 重申大会以前关于加强国际民航组织工作语文的决议；

3. 认识到语文服务是国际民航组织任何方案的一个不可或缺的组成部分；

4. 决定国际民航组织所有工作语文等同提供服务及其质量是本组织的持续目标；

5. 决定采用新的语文不应影响以本组织其他工作语文所提供服务的质量；

6. 决定理事会继续监督将作为审查对象的语文服务；

7. 要求秘书长在语文服务领域制定和实施一个质量管理系统；

8. 要求国际民航组织秘书长采用联合国与语文服务相关的最佳做法，包括在最繁忙时期临时征聘工作人员和外包笔译和口译的水平；

9. 请理事会审议对 Doc7231/11 号文件《国际民航组织出版物条例》进行修订，以便以国际民航组织的所有工作语文传播国际民航组织出版物的必要性；

10. 请以国际民航组织各种工作语文为母语的成员国，如果愿意的话，通过设立官方认可的国际民航组织出版物翻译中心和通过向国际民航组织秘书处包括地区办事处借调有胜任能力的工作人员，对国际民航组织提供支持，以便减少工作积压和支持特别活动；和

11. 宣布本决议替代大会 A31-17 号决议。

A22-30：对语文服务所有方面的审查

大会：

考虑到保持国际民航组织在与国际民用航空有关的一切事项中的有效性是必要的，和

注意到执行委员会的意见，其中提及 1977 年 7 月联合检查组 JIU/REP/77/5 号报告关于不断增加的语文服务费用和国际民航组织预算中的语文服务负担不断增长的调查结论，

建议理事会：

1. 保持对国际民航组织语文服务的所有方面的审查；

2. 与各国协商审议可采取何种方法使国际民航组织的预算摆脱不断增加的语文服务费用的困扰并就此提出建议；和

A22-29：空中航行委员会内语文的使用

大会：

考虑到大会在其第二十一届会议上要求理事会研究国际民航组织语文服务的所有财务方面，特别是额外工作语文的采用；

考虑到理事会在其第八十三届、第八十四届和第九十届会议上审查了这一问题，并在WP/17中对国际民航组织和联合国及其各专门机构中语文的使用以及使用多种语文的功能和预算问题进行了全面研究；

考虑到按照航行委员会议事规则第23条，由理事会决定"委员会讨论问题和起草其文件"使用的语文；

考虑到虽然为航行委员会的讨论提供本组织四种语文的同声传译，但委员会文件的编写和散发只用四种语文中的一种，即英文；

考虑到按照国际民航组织大会议事规则第64条和第65条，大会的所有筹备性文件以及建议、决议和决定均以英文、法文、俄文和西班牙文编写和散发，"以四种语文中的任何一种所做的发言将被译成其他三种语文"；根据议事规则第56条和第57条，这同样适用于理事会；而且理事会在其常设委员会议事规则第38条的适用过程中决定，按照法律委员会议事规则第44条，该委员会的文件同样用这几种语文编写和散发；

进一步考虑到按照联合国大会议事规则第51条，联合国大会的正式语文和工作语文也在其委员会和小组委员会加以使用，而且这一规则在联合国主持召开各种会议的规则中也不断援用；

考虑到这一规则适用于所有专门机构，且从WP/17附录C中明显看出，对航行委员会的文件不进行翻译是联合国系统中的唯一例外；

考虑到这一做法不仅不利于委员会成员，而且不利于关心其工作的国家管理部门，对这种状况的改变将使各国能够更加充分地参与国际民航组织的各项基本活动；

考虑到进行这种改变，同时保持国际民航组织预算状况的平衡，并将实施

所需的开支保持在合理的限度内似乎是必要的和可行的;和

考虑到因此逐步实施为进行这种改变作出的规定是至关重要的;

1. 确定以本组织的四种工作语文编写和散发航行委员会工作文件的原则;

2. 责成理事会按照航行委员会议事规则第 23 条为其规定的职责,监督本决定的逐步执行,以尽一切努力保持并在可能时提高该委员会的工作效率。

A16‐16:《公约》的法文和西班牙文文本

A22‐2:关于《公约》俄文正式文本的修正

A21 号决定:阿拉伯文的有限使用(见文件 9113,A21‐EX,第 52 页,第 44:5 段)

A23 号决定:大会届会上阿拉伯文的使用(见文件 9311,A23‐EX,卷 1,第 18 页,第 7:29 段)

A26 号决定:国际民航组织内阿拉伯文服务的扩大(见文件 9489,A26‐EX,第 25 页,第 7:40 段)

A29‐21:加强国际民航组织内阿拉伯文的使用

大会:

忆及在其第二十一届、第二十四届、第二十六届和第二十七届会议上作出的关于在国际民航组织内采用阿拉伯文和扩大其服务的决定;

注意到一些阿拉伯国家已提供自愿捐款,以加强本组织内阿拉伯文的使用;

注意到讲阿拉伯文的国家和有关国家希望将阿拉伯文的使用扩大到包括理事会在内的国际民航组织的一切活动中;

1. 要求理事会和秘书长采取必要措施,自 1993 年 1 月 1 日起加强阿拉伯文在包括理事会在内的本组织各项活动的口译和笔译服务中的逐步使用;

2. 要求理事会密切监督这些措施,目标在于截至 1998 年年底国际民航组织内阿拉伯文的使用达到本组织中其他语文的同样程度;

3. 要求理事会向国际民航组织下届常会提交关于本决议实施情况的进度

报告。

A22 号决定:国际民航组织内中文的开始使用(见 Doc9210 号文件,A22－EX,第 51 页,第 17:1 段和第 17:2 段)

A31－16:加强国际民航组织内中文的使用

大会:

忆及在大会第二十二届会议和理事会第 140 届会议上作出的关于在国际民航组织内采用中文和扩大其使用的决定;

注意到中文的使用仅限于大会和理事会会议的口译;

注意到中华人民共和国已提供自愿捐款,以加强中文在本组织内的使用;和

注意到将中文的使用扩大到国际民航组织一切活动的重要性;

1.要求理事会和秘书长采取必要措施,以尽快加强中文在口译和笔译服务中的逐步使用;

2.要求理事会密切监督这些措施,目标在于截至 2001 年年底在本组织资源范围内使中文在国际民航组织内的使用达到本组织内其他语文的同样程度;

3.要求秘书长准备《芝加哥公约》的正式中文文本,供大会下届会议期间召开的国际会议通过;和

4.要求理事会向国际民航组织大会下届常会提交关于本决议实施情况的进度报告。

世界知识产权组织第四十八届大会决议

(2010年9月29日)

世界知识产权组织语言政策

一、导言

1. 近年来,世界知识产权组织(WIPO)一些成员国表达了在本组织的活动中扩大语言覆盖面的愿望,尤其是希望扩大秘书处为世界知识产权组织某些正式会议编拟的文件的语言覆盖面。

2. 在联合国及其附属机构以及其他国际组织中,也常常会听到类似的反映。与其他组织一样,在世界知识产权组织,渴望拥有尽可能最广泛的语言覆盖面(无论是口译、文件、出版物,还是近年来的数据库和网站),不仅要求有大量的资源(因此只能在现有资源允许的情况下满足要求),而且还必须权衡质量问题。

3. 正是由于这些想法,尽管有效营收出现下降,总干事还是在2010/2011两年期计划和预算草案中提议(计划27:会务和语文服务),将有关知识产权与遗传资源、传统知识和民间文艺政府间委员会(IGC)文件的提供语种从英文、法文和西班牙文扩大到联合国的所有正式语文(阿文、中文、英文、法文、俄文和西班牙文);随后,在财政和人力资源允许的情况下,其他委员会的文件也将使用联合国的所有正式语文。

4. 在2009年9月召开的第十四届会议上,计划和预算委员会(PBC)建议,并经世界知识产权组织成员国大会2009年会议同意,秘书处应就以联合国的六种正式语文提供世界知识产权组织所有委员会文件的可能性开展分析性研究,并向下一届PBC会议提交该项研究的结果。

5. 认识到需要以全局眼光处理语言的使用问题,以反映本组织多层面的特点,总干事提议本组织应在2010—2015年中期战略计划框架的范围内,采用一项"通过与各成员国磋商,详细制订一项可满足各成员国需求并且具财务可持续性的全面语言政策,涵盖会议文件、出版物、口译和世界知识产权组织网站"的战略。

6. 本文件是推动制订该项政策以及界定相关资源的首次尝试。文件审视了 2009 年 PBC 会议所确定的最紧迫问题,即世界知识产权组织委员会会议文件所使用的语言问题。

7. 秘书处随后将着手开展进一步研究,讨论中期战略计划中所确定的其他方面的语言使用问题,包括出版物、口译、世界知识产权组织网站,以及别处未谈及的任何其他世界知识产权组织文件。

8. 本文件中还反映了秘书处从其他国际组织收集的相关做法的信息。秘书处特别考察了从"语文安排、文件和出版物国际年会"(IAMLADP)这一框架收集到的信息。IAMLADP 成员包括联合国、联合国系统的其他组织以及包括若干欧洲机构在内的政府间组织和超国家组织。

二、世界知识产权组织语言使用的法律框架、工作语言与正式语言

9. 尽管包括联合国及其附属机构在内的多数国际组织对"工作语言"和"正式语言"的概念作了法律划分,但世界知识产权组织的组织法条文并未对"正式语言"一词加以定义,而仅述及"工作语言"。

10.《建立世界知识产权组织公约》第 6 条第(2)款第(vii)项规定,大会应"参照联合国的惯例,决定秘书处的工作语言"。

11.《世界知识产权组织总议事规则》规定,"准备送交各机构的文件应以英文和法文编拟",但是"总干事在他认为适当和切实可行时可以决定某些文件应以西班牙文或俄文,或西班牙文和俄文共同编拟"(第 40 条)。同样,第 51 条规定,准备送交附属机构的文件应以哪一种或哪几种语文编拟,应由总干事决定;第 46 条将这些机构定义为"总干事在执行本组织或任何联盟的计划时可以设立的委员会或工作组",其任务是"就本组织或这些联盟权限内的任何问题提出建议或咨询意见"。

12. 实际上,这一概念在世界知识产权组织已有所发展。按照秘书处 1999 年签发的一份旨在分析为特定目的在世界知识产权组织使用葡萄牙语的可能性的文件中的解释,"工作语言"指工作人员为所有口译、文件、出版物或信函使用的任何语言。

13. 如上文所述,联合检查组(JIU)在2003年发表的一份题为《在联合国系统中落实使用多种语文》(JIU/REP/2002/11)的报告中即引用了上述概念,并声称,按照这一定义,2003年世界知识产权组织的工作语文是阿拉伯文、中文、英文、法文、俄文和西班牙文,在特殊情况下还包括葡萄牙文。

14. 就葡萄牙文而言,世界知识产权组织成员国大会2000年会议决定,在以下情况下世界知识产权组织亦将使用葡萄牙文:(1)印制与世界知识产权组织管理的条约有关的葡文宣传资料;(2)为葡文出版物开发世界知识产权组织网站的部分葡文网页;(3)以及在必要时,为外交会议以及WIPO成员国大会提供葡语口译服务,其具体安排由总干事酌情决定;同时还鼓励总干事为提供该文种寻求自愿捐助。

15. 此外,本组织通过《专利合作条约》(PCT)、马德里和海牙体系向私营部门提供的服务,以及通过世界知识产权组织仲裁与调解中心提供的服务,都存在大量的多语言问题。例如,PCT国际申请可以使用受理局接受的任何语言提交。鉴于PCT体系的地理覆盖范围持续扩大,本组织目前以阿拉伯文、中文、英文、法文、德文、日文、韩文、葡文、俄文和西班牙文开展PCT业务。本文件未涉及这些方面。

三、WIPO正式会议文件当前的语言覆盖面

16. 就本文件中,秘书处将世界知识产权组织的正式会议划分为三种类型:

(1)世界知识产权组织各主要机构召开的会议(包括世界知识产权组织大会、世界知识产权组织协调委员会和各联盟的大会等领导机构);

(2)世界知识产权组织各委员会召开的会议(包括各类常设委员会等附属机构);

(3)由一些附属机构或主要机构为处理特定技术问题设立的各类工作组召开的会议。

四、WIPO委员会会议文件当前的语言覆盖面和数量

17. 按照成员国批准的2010/2011年计划和预算所明确的任务授权:"使

用世界知识产权组织所有正式语文出版世界知识产权组织各委员会的全部工作文件、研究报告和出版物"(《2010/2011两年期计划和预算》,第170页)。

语言覆盖面

18. PBC、发展与知识产权委员会(CDIP)以及自2010年起IGC的文件,已使用联合国的六种正式语文提供。还要指出的是,尽管审计委员会未归入本文件中考查的委员会类别,但该委员会的报告提交PBC时也使用所有六种语文。

19. 语言的覆盖面是通过成员国做出的决定,或者由总干事按照《世界知识产权组织总议事规则》第40条和第51条做出的决定加以确定的。例如,PBC文件最初仅用英文、法文和西班牙文提供。然而,总干事决定将语言的覆盖面扩大到包括阿文、中文和俄文。自2001年IGC成立以来,文件仅以英文、法文和西班牙文提供。但是,在2010/2011年计划和预算草案中,总干事提议,并经成员国同意,自2010年起,这些文件也将以阿文、中文和俄文提供。

文件数量

20. 联合检查组2003年的报告中强调,源文本文件的数量对于翻译服务的工作量,以及能否恪守在批准期限内以所有指定文种同时分发文件的规定,具有直接的影响。

21. 为便于参考,"源文本"一词用来指秘书处起草某份文件的原始版本时所使用的文本。一"页"被定义为包含330个字,这与联合国系统通行的惯例一致。

22. 毋庸置疑,在世界知识产权组织,决定秘书处能否为各种会议扩大文件语言覆盖面的一个关键因素是,每年需要翻译的源文本有多少,包括文件的数量以及需要翻译的页数。

23. 秘书处在2007—2009年间为支持上述各委员会的工作而编拟的源文本文件的数量以及相关页数。

24. 与2007年相比,2008年的文件数量仅增长了1%,但页数增长了45%;与2008年相比,2009年的文件数量增长了18%,页数增长了4%。

25. 源文本数量的大幅增长,可从某些世界知识产权组织各委员会近年来委托编写了大量篇幅很长的研究或调查报告作为背景或资料性文件(辅助性文件)这一事实中得到部分解释。

翻译服务的工作量

26. 如果将世界知识产权组织各委员会会议文件的语言覆盖面扩大到联合国系统的所有六种语文,秘书处将要承担的翻译工作量(按页数计)。

27. 核对清单显示出2009年这些委员会的会议文件有哪些语种(X)或没有哪些语种(O),随后还显示了秘书处如果为所有委员会会议以六种语文提供服务,预计将要承担的年翻译工作量和额外的年翻译工作量。

28. 假定数量保持稳定,将各委员会文件的语言覆盖面扩大到六种语文,相当于委员会文件的翻译量增长59%,WIPO语文司的总工作量增长26%(与2009年相比)。

29. 然而,这一额外工作量仅与阿文、中文和俄文有关,这些语文的工作量将呈现71%的增长。尽管未被纳入上述翻译量,但可能需要为增加英文翻译工作量留出预备,因为当委员会以阿文、中文和俄文开展更多的工作时,可能会收到这些语言的文件。

30. 对于IGC的特殊情况,上述数量是以2009年为基数的,该委员会在该年度使用的语文为英文、法文和西班牙文。2010年语言覆盖面扩大至阿文、中文和俄文带来的相应翻译量。

五、翻译服务的资源和能力

31. 在2010/2011两年期计划和预算中,翻译服务可动用的资源是在计划(会务和语文服务)中确定的。2010/2011两年期提供这些服务所需的资源总概算为1 550万瑞郎人事资源及250万瑞郎非人事资源。这些资源包括在编员额和短期人员的费用,以及承接外包工作的外聘自由译员的费用。

工作量

32. 语文司的职责范围包括满足秘书处所有的翻译需求,不仅包括世界知识产权组织正式会议文件的翻译,还包括法律、条约、出版物、培训资料、网站材料、新闻稿、信函、内部行政管理文件以及备忘录、UPOV文件以及一系列其他文件的翻译。语文司不提供PCT、马德里和海牙体系申请文件的翻译。

33. 在所有的翻译工作量中,WIPO委员会文件占了相当大一部分(约42%)。尽管如此,语文司需要保留足够数量的人事和非人事资源用于其他翻译工作。在这一翻译量中,WIPO委员会文件占41.7%,领导机构文件约占10.5%,工作组文件约占10%,法律和条约文件约占6.7%,世界知识产权组织出版物约占12.5%,UPOV约占8.8%(WIPO根据一项特殊的费用补偿安排承担该机构的翻译工作)。

六、使文件数量合理化并得到控制的拟议措施

34. 上述联合检查组报告还提供了有关各秘书处在本系统内部全面开展减少内部编制的文件的页数限额这一工作方面的信息,报告最后认为,"可将减少文件数量以及使文章更精简、更有针对性,作为一项应予实现的重要目标"(JIU/REP/2002/11,第109段)。

35. 举例而言,联合国开发计划署和联合国人口基金执行局2001年确定了一项目标:2002年将文件总量减少50%。其方法是将非财务政策文件限制在10页以内,辅助性文件限制在5页以内,国家概述限制在4—6页,以及注重成果的年报限制在最多25页。

36. 以下各段将概述一系列措施。这些措施一旦得到落实,可极大地减少世界知识产权组织的翻译工作量,从而可以释放现有的资源用于实现扩大WIPO委员会会议文件的语言覆盖面这一目标。

(a) 限制工作文件的长度

37. 为限制翻译工作量,可采取的第一项措施是针对"标准"工作文件的长度设立法定限额(下文单独讨论的辅助性文件和报告除外)。

38. 根据秘书处通过IAMLADP获得的信息,国际劳工组织(ILO)、世界卫生组织(WHO)、万国邮政联盟(UPU)、欧盟(EC)以及欧洲议会(EP)均针对某些工作文件采用了限制页数的做法,限额为4—10页不等。

39. 如上文第四节所示,在2009年,世界知识产权组织委员会文件的平均长度为33页。如果将"标准"工作文件的长度限制在10页以内,这一类源文本的数量可减少约25%,即每年约减少560页。这将为允许计划和预算及类似文件篇幅略长提供足够的灵活性。

（b）针对辅助性文件采用一项特殊翻译政策

40. 减少翻译工作量的第二项拟议措施是，对上述工作文件和WIPO某些委员会日益频繁地委托他人编写的超长文件和辅助性文件（研究、调查报告等）加以区别对待。

41. 秘书处提议，"标准"工作文件将以六种语文提供，而超长文件将仅以原文提供，但秘书处将以六种语文提供一份长度约10页的内容摘要。第二种措施将使提交翻译的这类文件的总数减少约720页，即比2009年减少50%。

（c）采用摘要记录取代逐字记录报告

42. 目前，秘书处列出各委员会提供逐字记录报告。这一做法无论在人事还是非人事资源方面都费用极高（聘用大量短期工作人员、加班和外包费用）。

43. 减少翻译工作量的第三项措施早已为联合国日内瓦办事处（UNOG）和世界卫生组织所采用，即：以通常限制在大约30页的摘要记录取代目前耗费巨大的逐字记录报告的做法（与摘要记录相比，逐字记录报告的长度为100—250页）。摘要记录将限于陈述事实（议程、与会者）和记录各项决定和建议。秘书处预计，这一措施将使每年的报告总量减少约70%，即每年约减少1 360页。

44. 在本两年期，会议厅将采用新的数字记录系统，取代目前的模拟系统。在新系统安装和测试完毕后，秘书处可能提出改变报告方法的建议，包括以会议进程的数字录音取代当前编拟逐字记录报告的做法。这一系统也可用于世界知识产权组织成员国大会。通过取消大会的逐字记录报告，再加上对会议发言的电子记录，将带来极为可观的节省，而节省下来的费用可用于进一步扩大语言覆盖面。

（d）为各委员会的每一具体会议设立文件数量最高上限

45. 控制翻译工作量的第四项措施是，设定秘书处为各委员会的每一具体会议编拟或提交的文件总数的上限。这一措施可有效地确保某一具体会议或委员会的文件总数保持在特定限额之内，并有助于为各委员会适当确定文件数量和分配翻译资源。

46. 总之，据秘书处估算，通过综合采取上述四项措施，将使提交翻译的源文本数量每年减少大约2 640页，与2009年相比减少46%，从而释放更多的资源，在无需补充资源的情况下，完成更多语种的翻译。毋庸置疑，可能需要为世界知识产权组织出版物或网站等额外翻译工作提供资源。

47. 上述各项措施带来的一个更重要的效益将是，可以加快文件编制的速度并大幅减少具体文件的翻译时间，由此可更及时地向成员国提交文件。如此也解决了上文第 20 段提到的联合检查组的建议。

七、减少翻译费用的拟议措施

48. 通过采取上一节概述的各项措施实现的翻译量的减少，将反映在翻译费用上。影响费用的其他因素包括多种合同的调配（在职翻译结合外包翻译），对业务流程的合理化（包括翻译流程的上游以及翻译流程本身），以及有效利用各种 IT 工具。"在职翻译"指的是由领薪的全职人员和临时短期译员进行的翻译工作，"外包翻译"指的是本组织签约外包给外聘译员的翻译工作，后者按完成的工作量计酬。

49. 如 2008/2009 年计划效绩报告所示，每页译文的平均费用已从 2006/2007 两年期每页 227 瑞郎的平均费用减少到 213 瑞郎。与 2006/2007 年计划和预算中确定的每页 246 瑞郎的标准相比，出现了大幅下降。

50. 这一费用节省是通过改善工作流程、更好地利用 IT 工具以及恰到好处地结合在职和外包翻译工作而实现的。

52. 2009 年语文司几乎外包了其总翻译工作量的三分之一（31％），其余的三分之二则由全职人员和短期译员完成。

53. 外包为在分配的非人事预算范围内扩大翻译能力提供了手段，以满足翻译高峰期的要求，有助于克服瓶颈，并完成超长源文本文件的翻译，否则这些文件可能会耗费在职翻译人员相当长的时间，使他们无法处理核心业务。承接外包翻译任务的都是那些熟悉 WIPO 文件和活动而且经验丰富的自由译员。

54. 从表面上看，外包翻译每页的平均费用大概是在职翻译费用的三分之一。然而，尽管这样一来外包看上去是完成翻译工作最廉价的方式，但必须考虑到还有大量变相费用并未反映在支付给外聘承包译员的费用中。这些变相费用一部分是因为额外的管理和质量控制工作，以及高级专业语言工作人员进行遴选、培训和监督活动而产生的。这种外包管理费用很难计算,但却无法忽略。

55. 一个不容忽视的难题是,发现、培训以及(最重要的是)留住高水平的自由译员很难,尤其是对阿文、中文和俄文这类语种更是如此,因为其他国际组织也非常需要他们。在任何情况下,每名自由译员均需由内部人员进行培训和监督,因而外部翻译队伍的任何增加将必然要求增加一些内部翻译力量,以开展这些额外的工作,同时仍能做到保持重要的核心能力。

56. 在这种情况下,2006年,为了进一步减少翻译费用,世界知识产权组织组织了一次国际招标,以挑选翻译费用比外包给个体译员的费用更低的合适翻译公司。招标最终选出了三家翻译公司。然而,这些翻译公司提供的译文质量远远无法达到要求,而进行文稿修订、返回修订稿和再检查工作所需的时间抵消了任何可能的节省。

57. 另一项减少费用的建议措施是,加大使用新技术的力度,提高生产率。事实上,语文司早已采用了各种IT工具,这些工具为提高质量和生产率做出了贡献。2010/2011年计划和预算为升级此类工具以及改进现有的术语数据库划拨了款项。然而,获得这类工具之后还需要在定制、培训用户以及定期升级和维护方面作出进一步投资。

58. 上文提到的各种降低翻译费用的方式,无论是通过数量控制措施,还是通过适当地使用外包、完善工作流程或利用IT工具,其本身就是良好的业务做法,同时也可释放现有的资源,从而得以进行资源再分配,用于扩大世界知识产权组织委员会会议文件的语言覆盖面。

八、扩大WIPO委员会会议文件的语言覆盖面:响应需求

59. 将WIPO委员会会议文件的语言覆盖面扩大至联合国的所有六种正式语文之后每年将产生的额外翻译费用。

60. 估算基于2009年的文件水平。如果这一基数发生变化,例如,因每年的会议数量增多或者出现其他变量,这些估算将需要进行相应修订。

61. 方案A显示在未采用文件数量合理化和控制措施的情况下,将WIPO所有委员会文件翻译成六种语文所产生的源文本数量、翻译工作量和年费用。

方案 B 显示在已采用文件数量合理化和控制措施的情况下的同类数据。

62. 采用方案 A,每年将需要向计划 27 划拨概算约为 220 万瑞郎的额外款项(即每两年期 440 万瑞郎);采用方案 B,将使秘书处可以在计划 27 当前的预算范围内以六种语文提供 WIPO 委员会会议文件。

63. 视选择哪一种可能方案的情况,实施这一扩大的语言覆盖面工作的时间表将会有所不同。

如选择方案 A(不采用文件合理化和控制措施),建议从 2012 年开始推出扩展使用六种语文的政策,其附加条件是须在 2012/2013 年计划和预算草案中列入采用新政策所需的资源调整数。

如选择方案 B(立即采用文件数量合理化和控制措施),可从 2011 年举行的会议开始实施扩大 WIPO 委员会会议文件的语言覆盖面这项工作。

64. 综上所述,秘书处建议采用方案 B。

努力在世界知识产权组织实现全面的语言政策:结论和建议

65. 秘书处编拟本文件,是在推动制定一项全面的语言政策方面的首次尝试;全面的语言政策除了世界知识产权组织委员会会议文件之外,随后还将处理有关口译、世界知识产权组织出版物、网站以及别处未涉及的任何其他文件的语言使用问题。

66. 基于本文件中的分析,秘书处现呈交以下建议,供成员国审议。

有关世界知识产权组织委员会会议文件的拟议语言政策

67. 特此建议:

(i) 世界知识产权组织委员会会议文件的语言覆盖面应扩大至联合国的六种正式语文(阿文、中文、英文、法文、俄文和西班牙文),并将适用于世界知识产权组织各委员会,以及将来通过世界知识产权组织成员国的决定可能创建的任何委员会和可能等同于上述委员会的任何委员会;以及

(ii) 如获得世界知识产权组织成员国对本文件第六节描述的文件数量合理化和控制措施的支持,这一政策可于 2011 年开始实施。

有关口译、世界知识产权组织出版物、网站和其他文件的拟议语言政策:

68. 秘书处将在制定和落实有关世界知识产权组织委员会会议文件的语言政策的经验基础上,提出有关口译、出版物、网站和其他文件的进一步语言

政策建议。

69. 秘书处将在 2012/2013 年计划和预算草案中列入因采用这些语言政策建议所提出的任何资源要求,或酌情将其列入 2014/2015 年计划和预算草案中。实施相关语言政策建议的时间表将取决于这些计划和预算文件的批准情况。

70. 原则上,秘书处争取在本组织中期战略计划的框架内(即:在 2015 年底前)部署该全面语言政策的各项内容。

第六十六届联合国大会第 233 号(LXVI)决议

(2011 年 12 月 24 日)

会议时地分配办法

大会,

重申其 1987 年 12 月 11 日第 42/207 C 号决议,其中大会请秘书长确保对联合国正式语文一视同仁,

审议了会议委员会 2011 年的报告和秘书长的有关报告,

又审议了行政和预算问题咨询委员会的报告,

重申大会关于使用多种语文问题的各项决议中,特别是 2011 年 7 月 19 日第 65/311 号决议中与会议服务有关的规定。

一、会议日历

7. 回顾其议事规则第 153 条,并请秘书长在涉及支出的决议中纳入关于会议方式的内容,以期尽可能以最有效率和最具成本效益的方式调动会议服务和文件资源。

二、会议服务资源的利用

注意到有权"视需要"开会的机构 2010 年在纽约举行的会议中有 94% 获

得口译服务,而 2009 年为 95%,请秘书长继续努力使这些机构认识到需要努力优化利用所提供的会议服务,并通过会议委员会报告向这些机构提供会议服务的情况;

请秘书长确保,实施基本建设总计划,包括会议服务人员临时迁至周转空间,不影响以六种正式语文向会员国提供会议服务的质量,不影响对各语文服务部门一视同仁,各语文服务部门应当获得同等有利的工作条件和资源,以确保达到最高的服务质量标准。

三、全球统筹管理

2. 赞赏地注意到秘书长利用内部能力为改善会议服务的利用情况所作的努力,特别是为此实施电子会议规划和资源配置系统(e-Meets)和口译员分派方案(e-APG 单元)项目("项目 2"),并请秘书长向大会第六十七届会议报告为此所做的其他努力;

5. 强调大会和会议管理部的主要目标是,按照大会相关决议,在所有工作地点按照既定条例以所有正式语文向会员国及时提供优质文件和优质会议服务,并尽可能以高效、合算的方式实现这些目标;

6. 注意到各工作地点语文类专业人才库在语言组合方面参差不齐,并请秘书长在充分考虑这些参差不齐情况的基础上制定征聘、分包和外联政策;

7. 请秘书长确保对各语文服务部门一视同仁,向其提供同等有利的工作条件和资源,以便在充分尊重六种正式语文各自的特点并考虑到其各自工作量的情况下,尽可能提高语文服务的质量。

四、文件和出版物有关事项

1. 强调六种联合国正式语文地位平等至关重要;

2. 重申其第 64/230 号决议第四节的决定,即根据大会 1981 年 12 月 10 日第 36/117 A 号、第 51/211 A 至 E 号、第 52/214 号、第 53/208 A 至 E 号和第 59/265 号决议,应在人权理事会审议之前及时将普遍定期审议工作组通过的所有报告作为文件以联合国所有正式语文印发,请秘书长确保为此提供必要支持,并向大会第六十七届会议报告有关情况;

3. 再次关切地请秘书长确保依照大会第 55/222 号决议第三节第 5 段,在以印本分发会议文件以及在正式文件系统和联合国网站张贴会议文件方面，严格遵守以所有六种正式语文同时分发文件的规定；

4. 重申第五委员会是大会授权主管行政和预算事项的主要委员会；

5. 强调指出包括文件在内的会议管理有关事项属于第五委员会的权限；

6. 重申及时印发第五委员会所需文件的重要性；

7. 确认需要采取多管齐下的做法，以解决长期存在的迟发第五委员会所需文件的难题；

8. 确认大会和会议管理部主持的文件问题部门间工作队已做出努力，积极处理在印发供第五委员会所用文件方面存在的问题；

9. 鼓励第五委员会主席和行政和预算问题咨询委员会主席继续推动两个机构在文件方面进行合作；

10. 欢迎该工作队继续努力督导秘书处的文件编写部门提交文件；

11. 指出秘书处在第五委员会非正式协商期间向它提供准确、及时和一贯的资料有助于该委员会的决策进程；

12. 满意地注意到大会和会议管理部在四周内处理所有在限定字数内按时提交的文件，并鼓励秘书长保持这一业绩水平；

13. 重申其第59/265号决议第三节第9段内的决定，即需要大会紧急审议的关于规划、预算和行政事项的文件应以所有六种正式语文优先印发；

14. 再次请秘书长责成秘书处各部在其提出的报告中载列以下内容：

（a）报告摘要；

（b）综合结论、建议和其他拟议行动；

（c）相关背景资料。

15. 又再次要求将秘书处、政府间机构和专家机构提交立法机关审议并采取行动的所有文件的结论和建议部分印成黑体；

16. 关切地注意到仅有52％的文件编写部门在向大会和会议管理部及时提交报告方面实现了90％合规率，请秘书长通过一个专门负责的单位，如文件问题部门间工作队，更严格地执行时间档制度，并向大会第六十七届会议报告有关情况；

17. 促请文件编写部门充分遵守截止日期规定，实现提交文件合规率达到

90％的目标,并请秘书长确保迟交文件不影响根据既定准则按时提交的文件的印发;

18. 重申其第 65/245 号决议第四节第 16 段的要求,即请秘书长说明对超过字数限制提交文件的豁免程序;

19. 欢迎大会和会议管理部与各文件编写部门之间就豁免管理问题进行的互动,请秘书长确保在这方面不断进行努力,并向大会第六十七届会议报告有关情况;

20. 注意到在全球文件管理背景下进行的工作量分担作用仍然微不足道,请秘书长继续设法促进四个工作地点之间的工作量分担,并向大会第六十七届会议报告有关情况;

21. 强调会员国及其政府间机构在确定会议管理政策方面的作用;

22. 强调指出对此类政策的修改提议须由会员国在相关政府间机构中予以批准;

23. 注意到"节纸会议"的概念,并请秘书长向大会提出报告,详细界定这一新出现的概念,明确确定适当技术以有效实施,包括技术基准和向会员国提供技术支持等方面的采购需求、业务连续性计划、所涉人力资源问题以及在四个工作地点的培训需求,同时铭记文件和数据安全及妥善存档的需要;

24. 请秘书长在上文第 23 段要求提出的报告中说明经有关政府间机构完全同意后将试行节纸概念的会议所得的经验教训;

25. 注意到正式文件系统是联合国的正式数字文献库;

26. 请秘书长优先完成把全部六种正式语文的联合国所有重要旧文件上载联合国网站的工作,以便会员国也能通过这一媒介取得这些档案资料;

27. 又请秘书长向大会第六十七届会议提出报告,说明对所有重要的联合国旧文件,包括联合国会议文件进行数字化的详细时限,以及在现有资源范围内加快这一过程的可选办法;

28. 注意到和平利用外层空间委员会作为一项节约费用措施在联合国维也纳办事处进行的向联合国六种正式语文数字录音过渡的试点项目;

29. 强调这项措施的进一步扩大须经大会审议,包括审议所涉法律、财务和人力资源问题,且须完全符合大会相关决议,并请秘书长向大会第六十七届会议报告有关情况以及对上述试点项目的评价。

五、笔译和口译有关事项

1. 请秘书长加倍努力,确保所有六种正式语文的口译和笔译服务达到最高质量标准;

2. 又请秘书长继续征求会员国对所提供会议服务质量的评价意见,包括通过每年举行两次各语文情况交流会,并确保此类措施使会员国有均等机会以六种联合国正式语文提出评价,同时完全符合大会相关决议;

3. 再次请秘书长确保笔译和口译服务的用语体现各正式语文的最新语言规范和用语,以保证最高质量;

4. 重申其第 65/245 号决议第五节第 4 段,再次请秘书长在征聘临时语文服务人员时,包括在酌情使用国际或当地合同时,确保对各语文服务部门一视同仁,向其提供同等有利的工作条件和资源,以便在充分尊重六种正式语文各自的特点并考虑到其各自工作量的情况下,尽可能提高语文服务的质量;

5. 赞赏地注意到秘书处为填补联合国内罗毕办事处语文服务部门的现有空缺而采取的措施,再次请秘书长考虑为降低内罗毕的空缺率采取进一步措施,并请秘书长向大会第六十七届会议报告有关情况;

6. 请秘书长及早举行征聘语文工作人员的竞争性考试,以及时填补语文部门现有空缺和未来空缺,并向大会第六十七届会议报告这方面的努力;

7. 又请秘书长在将文件翻译成六种正式语文时继续提高质量,特别注重翻译准确性;

8. 还请秘书长增加承包笔译的比例,以期除其他外进一步提高效率,但这一交付方式产生的最后产品须与内部笔译质量相当,并向大会第六十七届会议报告有关情况;

9. 再次请秘书长为所有工作地点配备人数充足、职等适当的工作人员,以确保对外部翻译进行适当的质量控制,同时适当考虑同工同级的原则;

10. 请秘书长就各主要工作地点在对外包翻译进行质量控制方面的经验教训和最佳做法,包括履行这一职能所需工作人员的人数和适当职等问题,向大会第六十七届会议提出报告;

11. 鼓励秘书长建立全球标准化业绩指标和费用计算模型,旨在制订更经济合算的内部处理文件战略,并请秘书长向大会第六十七届会议提供此类资料;

12. 赞赏地注意到秘书长根据大会各项决议为解决替换退休的语文部门工作人员等问题所采取的措施,并请秘书长保持并加大这些努力,包括加强与语言专门人才培训机构的合作,以便满足联合国六种正式语文的需求;

13. 注意到需要采取有力措施,以避免因在语文职业领域缺乏申请人和更替率高而造成的干扰,并请秘书长利用适当手段,改进实习方案,包括与有关组织建立伙伴关系,宣传联合国正式语文;

14. 又注意到,最近的有关努力导致与非洲两所大学签订两份谅解备忘录,目前尚未与拉丁美洲机构签订谅解备忘录;

15. 请秘书长进一步做出协同努力,推动见习和实习等外联方案,并采用创新方法宣传这些方案,包括与会员国、有关国际组织和各区域的语言机构建立伙伴关系,特别是要弥补在非洲和拉丁美洲的巨大差距,并向大会第六十七届会议报告有关情况;

16. 请大会和会议管理部与人力资源管理厅合作,继续进一步努力向所有会员国宣传在四个主要工作地点语文部门就业和实习的机会;

17. 赞赏地注意到总部和联合国维也纳办事处见习活动的积极经验,这些活动有助于培训和吸引年轻专业人员从事联合国笔译和口译工作,同时加强对后续规划至关重要的具备特定语文组合技能的合格语文专业人才库,请秘书长进一步发展这一举措,向所有工作地点推广,并向大会第六十七届会议报告有关情况;

18. 注意到据安全理事会制裁委员会称,受制裁个人和实体综合名单尚未译成所有六种正式语文,再次建议安全理事会文件和其他程序问题非正式工作组进一步研究有关印发、包括翻译这些综合名单的各种做法,并请秘书长向大会第六十七届会议报告有关情况。

第六十七届联合国大会第 252 号(LXIV)决议

(2013 年 3 月 26 日)

联合国同葡萄牙语国家共同体的合作

大会,

回顾其 1999 年 10 月 26 日第 54/10 号决议给予葡萄牙语国家共同体观察员地位,认为促进联合国与该共同体之间的合作对彼此有利,

并回顾其 2004 年 11 月 8 日第 59/21 号、2006 年 12 月 20 日第 61/223 号、2008 年 12 月 11 日 63/143 号和 2010 年 12 月 16 日第 65/139 号决议,

又回顾《联合国宪章》特别是第八章的各项条款,鼓励通过区域合作开展活动来促进联合国的宗旨和原则,并回顾安全理事会关于非洲和平与安全的 2008 年 4 月 16 日第 1809(2008)号决议,

认为葡萄牙语国家共同体的活动是对联合国工作的补充和支持,并在这方面考虑到秘书长关于联合国同各区域组织及其他组织的合作的报告,

又认为葡萄牙语将四大洲八个国家 2.4 亿人民团结在一起,在国际事务中具有重要意义,注意到葡萄牙语国家共同体作出政治承诺,要在包括联合国及其各专门机构、基金和方案在内的国际和区域组织内推广葡萄牙语,

欣见联合国教育、科学及文化组织于 2012 年 5 月 10 日连续七年举办 5 月 5 日葡萄牙语日庆祝活动,并欣见葡萄牙语国家共同体成员国于 2012 年 5 月 1 日至 3 日在纽约举办庆祝活动,

1. 赞赏地注意到 2012 年 7 月 20 日在马普托举行的葡萄牙语国家共同体第九次国家元首和政府首脑会议的最后宣言,题为《葡萄牙语国家共同体与粮食和营养安全方面的挑战》,其中共同体除其他外重申,其成员承诺在国家和共同体的政策中加强充足食物权,并通过深化政治和外交协调及所有领域的合作实现共同体内消除饥饿和贫困这一目标;

5. 赞赏地注意到 2011 年 9 月 28 日至 30 日在巴西利亚举行的葡萄牙语国家共同体第一个民间社会论坛,该论坛为建立各种机制,促进葡萄牙语国家

民间社会组织更加广泛地长期参与决策进程和实施共同感兴趣的项目奠定了基础;

8. 决定在大会第六十九届会议临时议程题为"联合国同各区域组织及其他组织的合作"的项目下列入题为"联合国同葡萄牙语国家共同体的合作"分项。

第六十八届联合国大会第 172 号(LXVIII)决议

(2013 年 12 月 18 日)

有效促进《在民族或族裔、宗教和语言上属于少数群体的人的权利宣言》

大会,

回顾其 1992 年 12 月 18 日第 47/135 号决议,其中大会通过了载于该决议附件的《在民族或族裔、宗教和语言上属于少数群体者权利宣言》,并铭记《公民权利和政治权利国际公约》第 27 条以及现有其他相关国际标准和国内立法,

又回顾大会其后关于有效促进《宣言》的决议以及人权理事会关于理事会设立少数群体问题论坛及延长其任期的 2007 年 9 月 28 日第 6/15 号和 2012 年 3 月 23 日第 19/23 号决议、关于少数群体问题独立专家的任务的 2011 年 3 月 24 日第 16/6 号决议、关于纪念《宣言》通过二十周年小组讨论会的 2011 年 9 月 29 日第 18/3 号决议和关于在民族或族裔、宗教和语言上属于少数群体者权利的 2013 年 3 月 21 日第 22/4 号决议,

申明促进和保护在民族或族裔、宗教和语言上属于少数群体者的权利,这些少数群体与社会其他群体之间开展对话以及建设性和包容性地推行在社会中融合多样性的做法和体制安排等等,有利于政治和社会稳定及防止并和平解决涉及在民族或族裔、宗教和语言上属于少数群体者权利的冲突,

表示关切在许多国家,涉及在民族或族裔、宗教和语言上属于少数群体者的争端和冲突十分频繁和严重,往往产生悲惨后果,并关切此类人受冲突影响往往过分严重,致使其人权遭到侵犯,而且特别容易因人口转移、难民流动以及强迫迁移等因素而流离失所,

强调在促进和保护在民族或族裔、宗教和语言上属于少数群体者权利,就有关少数群体状况问题进行预警和采取提高认识措施方面,国家机构可发挥重要作用,又强调需要加强努力,达到充分落实在民族或族裔、宗教和语言上属于少数群体者权利这一目标,包括为此目的而解决经济和社会条件问题和边缘化问题,并终止针对他们的任何形式歧视,

还强调必须认识到并消除在民族或族裔、宗教和语言上属于少数群体者受到的多重、加重和交叉形式的歧视,以及对他们享有权利带来的复杂的消极影响,

强调必须在所有相关利益攸关方和社会成员中开展关于促进和保护在民族或族裔、宗教和语言上属于少数群体者权利问题的人权教育、培训和学习,并展开对话,包括不同文化间和不同信仰间对话和互动,作为社会整体发展的一部分,包括交流最佳做法,借以促进对少数群体问题的相互了解,管理多样性,承认多元特征,倡导包容和稳定的社会以及社会内部的融合,

承认联合国可通过妥善顾及和实施《宣言》等办法,在保护在民族或族裔、宗教和语言上属于少数群体者权利方面发挥重要作用,回顾大会 2013 年 7 月 24 日关于使用多种语文的第 67/292 号决议中关于在民族或族裔、宗教和语言上属于少数群体者权利以及确认使用多种语文是保护全球语言和文化多样性的一个手段的段落;

申明 2012 年《宣言》通过二十周年提供了一个重要机会,借以反思促进和保护在民族或族裔、宗教和语言上属于少数群体者权利的工作,反思在实施《宣言》方面的成就、最佳做法和挑战,在国家、区域和国际各级利用和实施《宣言》的不同方法,以及反思《宣言》对国家立法、体制机制及其推动在民族或族裔、宗教和语言上属于少数群体者权利的活动和方案的影响,

感谢各国、各区域政府间组织,包括非政府组织在内的民间社会和联合国系统为纪念二十周年开展了各种活动,特别是联合国人权事务高级专员办事

处组织了区域专家研讨会,

欢迎高级专员办事处印发的《促进和保护少数群体权利:倡导者指南》出版物,该出版物介绍在联合国和各主要区域组织开展促进在民族或族裔、宗教和语言上属于少数群体者权利工作的主要行为体,是在全世界就此问题开展工作的倡导者的宝贵工具,

认识到在这方面独立专家为促进《宣言》实施工作所发挥的重要作用,

1. 重申如《在民族或族裔、宗教和语言上属于少数群体者权利宣言》所宣示,各国有义务确保在民族或族裔、宗教和语言上属于少数群体者可以不受任何歧视地充分和有效行使所有人权和基本自由,在法律面前完全平等,并提请注意《德班宣言和行动纲领》的相关规定,包括关于各种形式的多重歧视的规定;

2. 敦促各国和国际社会促进和保护《宣言》所载在民族或族裔、宗教和语言上属于少数群体者的权利,途径包括鼓励创造条件弘扬他们的特性,提供适当教育,便利他们不受歧视地参与社会的政治、经济、社会、宗教和文化生活的各个方面及国家的经济进步和发展,并敦促从性别观点开展这些工作;

3. 敦促各国采取一切适当措施,包括宪法、立法、行政和其他措施,以期宣传和实施《宣言》,并呼吁各国依照《宣言》开展双边和多边合作,尤其是在交流最佳做法和吸取的经验教训方面开展合作,以便促进和保护在民族或族裔、宗教和语言上属于少数群体者的权利;

4. 又敦促各国采取举措,确保在民族或族裔、宗教和语言上属于少数群体者认识到他们根据《宣言》及其他国际人权义务和承诺所享有的权利并能够行使这些权利;

5. 建议各国和其他相关行为体确保尽可能将《宣言》翻译成各种少数族裔语言,并广泛散发;

6. 促请各国铭记少数群体问题论坛第五届会议主题,为加强执行《宣言》,确保实现在民族或族裔、宗教和语言上属于少数群体者的权利,除其他外在以下方面采取适当措施:

(a) 审查对在民族或族裔、宗教和语言上属于少数群体者产生歧视性或尤为严重的负面影响的任何立法、政策或做法,考虑加以修正;

(b) 拟定提高认识和培训举措,包括拟定提高公职人员、法官、检察官和执法人员对《宣言》所载权利的认识和接受培训举措;

(c) 在现有机构中设立专门的部厅、处室或协调中心,或考虑设立专门的国家机构或部门,负责处理在民族或族裔、宗教和语言上属于少数群体者的权利问题。

7. 建议各国在拟定、设计、执行和审查执行《宣言》的各项措施时,确保尽可能地让在民族或族裔、宗教和语言上属于少数群体者充分、有效和平等参与;

8. 促请各国在促进和保护在民族或族裔、宗教和语言上属于少数群体者的权利过程中,特别重视属于少数群体的妇女、儿童和残疾人的境况和特殊需要;

9. 鼓励各国在就反对种族主义、种族歧视、仇外心理和相关不容忍行为世界会议采取后续行动时,将与在民族或族裔、宗教和语言上属于少数群体者有关的各方面因素纳入国家行动计划,并在这方面充分考虑到各种形式的多重歧视问题;

10. 促请各国把促进和保护在民族或族裔、宗教和语言上属于少数群体者权利以及有效实现不歧视和人人平等纳入防止和解决涉及这些少数群体的冲突的战略,同时确保这些群体充分、有效地参与制定、实施和评价此类战略;

11. 促请秘书长应相关国家政府的请求,就少数群体问题,包括有关预防和解决争端问题,提供合格专家的专门知识,以协助解决涉及少数群体的各种现有或潜在问题;

12. 欢迎少数群体问题独立专家的报告及报告特别重视政府机关、国家人权机构和其他相关国家机构作为促进在民族或族裔、宗教和语言上属于少数群体者权利的一种手段对其权利给予的机构关注,并特别重视以立足于权利的方法保护和促进宗教少数群体者的权利;

13. 赞扬独立专家在提高人们的意识,凸显在民族或族裔、宗教和语言上属于少数群体者的权利方面所做的工作和发挥的重要作用,并赞扬其为筹备少数群体问题论坛和开展论坛工作所发挥的指导作用,这有助于努力改善从事属于少数群体者权利工作的所有联合国机制之间的合作与协调;

14. 邀请独立专家每年向大会提交报告;

15. 促请各国在独立专家履行其负责的任务和职责时给予合作和协助,提供其所要求的所有必要信息,并认真考虑迅速而积极地回复其访问要求,以便其有效履行职责;

16. 鼓励各专门机构、区域组织、国家人权机构和非政府组织与任务负责人定期对话与合作,并继续协助促进和保护在民族或族裔、宗教和语言上属于少数群体者的权利;

17. 表示赞赏2012年11月论坛第五届会议圆满完成,会议讨论了《宣言》的执行情况,并通过利益攸关方的广泛参与,为促进关于这些议题的对话提供了一个重要平台,作为会议成果的一部分,通过会议建议查明了进一步执行《宣言》的成就、最佳做法和挑战,并鼓励各国考虑论坛的相关建议;

18. 邀请各国,联合国各机制、机关、专门机构、基金和方案,各区域组织,政府间和非政府组织,各国人权机构及少数群体问题的学者和专家继续积极参加论坛各届会议;

19. 欢迎秘书长关于联合国人权事务高级专员办事处、独立专家、相关联合国实体和会员国为纪念《宣言》通过二十周年而开展的各项活动的报告;

20. 欢迎人权理事会第十九届会议举行小组讨论会纪念《宣言》通过二十周年,并赞赏地注意到旨在举办周年庆祝活动的其他多边、区域和次区域举措;

21. 欢迎联合国各机构、基金和方案由高级专员办事处牵头就少数群体问题开展机构间合作,并敦促它们进一步增加合作,包括为此而拟定促进和保护属于少数群体者权利的政策,同时考虑到少数群体问题论坛的相关成果;

22. 表示特别注意到在这方面通过高级专员办事处的协调,设立了联合国消除种族歧视和保护少数群体网,目的是推动联合国相关机构、基金和方案之间的对话与合作,邀请该网络同独立专家和当代形式种族主义、种族歧视、仇外心理和相关不容忍行为问题特别报告员合作,并与在民族或族裔、宗教和语言上属于少数群体者和民间社会行为体协商和联络;

23. 表示赞赏地注意到秘书长关于消除种族歧视和保护少数群体的说明,为联合国系统处理种族歧视和保护在民族或族裔、宗教和语言上属于少数群

体者的问题提供指导,除其他外旨在通过协调机制等方法将他们的权利纳入联合国系统在全球、区域和国家各级的工作;

24. 请联合国人权事务高级专员继续努力改善联合国各机构、基金和方案有关促进和保护在民族或族裔、宗教和语言上属于少数群体者权利的活动的协调与合作,并在其工作中考虑到活跃于人权领域的相关区域组织的工作;

25. 促请高级专员在其职权范围内继续促进《宣言》的执行,为此与各国政府对话,并定期更新和广为传播《联合国关于少数群体的指南》;

26. 邀请高级专员继续寻求自愿捐助,便利在民族或族裔、宗教和语言上属于少数群体的非政府组织代表和人士,特别是来自发展中国家的代表和人士,有效参与联合国举办的涉及少数群体的活动,尤其是联合国人权机构和少数群体问题论坛的活动,并在这方面特别注意确保青年和妇女的参与;

27. 为此欢迎人权理事会决定为了让民间社会和其他相关利益攸关方都参加少数群体问题论坛等论坛设立一个特别基金,以协助民间社会代表和其他相关利益攸关方尽可能广泛地参与,同时特别注意来自最不发达国家人士的参与,促请各国支持民间社会和其他相关利益攸关方参加少数群体问题论坛,并为此向特别基金提供自愿捐款;

28. 邀请人权条约机构和人权理事会特别程序在各自任务范围内,继续注意在民族或族裔、宗教和语言上属于少数群体者的境况和权利,并在这方面考虑到论坛的相关建议;

29. 重申普遍定期审议机制和联合国各人权条约机构是促进和保护人权和基本自由的重要机制,为此促请各国切实落实已接受的与在民族或族裔、宗教和语言上属于少数群体者权利有关的普遍定期审议建议,并进一步鼓励各缔约国认真考虑落实条约机构关于这一事项的建议;

30. 鼓励各区域政府间机构在各自区域内促使人们更加关注在民族或族裔、宗教和语言上属于少数群体者的权利,特别是要在各自工作中积极提高对《宣言》的认识并宣传《宣言》,鼓励在国家一级执行《宣言》,并考虑设立有关这一问题的专题机制和/或特别机制;

31. 鼓励国家人权机构适当关注在民族或族裔、宗教和语言上属于少数群体者的权利,比如除其他外,考虑在各自秘书处内设立负责处理这些权利问题的部门、科室或协调人；

32. 鼓励民间社会包括非政府组织促进对《宣言》的认识，并审查民间社会在多大程度上将在民族或族裔、宗教和语言上属于少数群体者的权利和《宣言》纳入其工作，以及让在民族或族裔、宗教和语言上属于少数群体者了解他们的权利；

33. 请秘书长向大会第七十届会议提交报告，说明本决议执行情况，包括会员国、高级专员办事处、独立专家、相关联合国实体和其他相关利益攸关方为推动执行《宣言》和确保实现在民族或族裔、宗教和语言上属于少数群体者的权利而开展的活动。

国际电信联盟 2014 年全权代表大会第 133 号决议

（2014 年）

成员国主管部门在国际化（多语文）域名管理中的作用

考虑到

本届大会有关国际电联在互联网和互联网资源（包括域名和地址）管理国际公共政策问题方面作用的第 101 号和第 102 号决议（2010 年，瓜达拉哈拉，修订版）的各项条款，

忆及

(a) 在世界电信标准化全会（2008 年，约翰内斯堡）通过的各项决议，特别是有关国家顶级域名的第 47 号决议（2012 年，迪拜，修订版）和有关国际化域名的第 48 号决议（2012 年，迪拜，修订版）中规定的国际电联电信标准化部门（ITU-T）的作用，以及 ITU-T 第 16 研究组就此正在开展的活动；

(b) 信息社会世界高峰会议（WSIS）通过的《突尼斯信息社会议程》承诺，将推进诸多领域，包括域名、电子邮件地址、互联网地址和关键词查询等领域

的多语文进程；

（c）有必要促进发展区域性根服务器和使用国际化域名，以克服互联网接入的语文障碍；

（d）ITU-T过去在电传（5字符编码）和数据传输（7字符编码）非拉丁语字符集建议书标准化方面成功开展的活动，使国家和区域层面电传和全球、区域、国际层面的数据传送能够使用非拉丁字符集传送。

意识到

（a）电信和互联网一体化的持续进展；

（b）互联网用户通常更习惯使用自己的语文阅读或浏览文本，为使更多人能广泛使用互联网，有必要考虑近年来此领域取得的进展，考虑提供非拉丁文版本互联网（DNS系统）；

（c）忆及信息社会世界峰会成果和全权代表大会（2006年，安塔利亚）决议，应继续承诺全力开展互联网多语文化工作，将其作为政府和所有其他利益攸关方参与的多边、透明、民主进程的一部分，而且各方在实施本决议的过程中发挥各自的作用；

（d）所有利益攸关方，尤其是有关组织和实体在引入国际化域名（IDN）的工作中取得的进展；

（e）在提供国际化域名（IDN）过程中取得的重大进展以及可以在互联网上使用非拉丁字符集的益处；

（f）在互联网上提供多种语文方面所取得的进展。

强调

（a）目前的域名系统在反映所有用户多种多样且日益增多的语文需要方面取得的进展，同时认识到还有更多工作要做；

（b）国际化互联网域名和更广泛意义上的信息通信技术（ICT）以及互联网必须不受性别、种族、宗教、居住国或语言的限制，广泛提供给所有公民；

（c）互联网域名不应为了让世界上某一国家或区域受益而损害别的国家或区域的利益，并应顾及全球语文多样性；

（d）国际电联可在帮助成员推广本国语文域名方面发挥作用；

（e）忆及信息社会世界峰会的成果和各语文群体的需要，迫切需要：

- 推进包括域名、电子邮件地址和关键词汇查询在内的诸多领域采用多语文的进程；
- 实施各种显示多语文域名和内容的互联网项目并使用各种软件模型，消除语文数字鸿沟，确保每个人都能参与到新兴社会中；
- 加强相关机构之间的合作以进一步制定技术标准并促进其在全球的使用。

认识到

（a）ITU-T E.164建议书有关国际电联成员国在其国家码号资源分配和管理方面的现有作用和主权；

（b）在知识产权和采用国际化域名方面存在诸多挑战，应寻求适当的解决方案；

（c）世界知识产权组织（WIPO）在解决域名争端方面发挥的作用；

（d）联合国教科文组织（UNESCO）在推进文化多样性和特征、语文多样性及本地内容上发挥的作用；

（e）国际电联与世界知识产权组织和联合国教科文组织均有密切合作关系；

（f）随着域名范围因非拉丁字符集的加入而扩大，保持全球互操作性至关重要。

做出决议

寻求方法和途径，并酌情通过合作协议，扩大国际电联同参与发展基于IP网络和未来互联网的相关组织的协作与合作，以便加强国际电联在互联网管理方面的作用，确保全球社会获得最大裨益。

责成秘书长和各局主任

1. 与包括世界知识产权组织和联合国教科文组织在内的相关组织合作，积极参与关于互联网国际化域名部署和管理的所有国际讨论、倡议和活动；

2. 采取一切必要的行动，确保国际电联成员国在ITU-T E.164建议书规定的采用任何应用的码号规划中享有主权；

3. 鼓励国际电联成员在各自语文脚本中酌情开发和部署使用各自特定字符集的国际化域名；

4. 支持成员国履行在《日内瓦行动计划》和《突尼斯议程》中做出的有关国际化域名的承诺；

5. 酌情提出建议，以便实现本决议的目标；

6. 提请负责实施信息社会世界峰会(WSIS)C8行动方面的推进方——世界知识产权组织和联合国教科文组织注意本决议，强调成员国，特别是发展中国家在国际化（多语文）域名及其在这一领域坚持获得国际电联帮助的关切和需要，以确保在没有语言障碍的情况下使用和改进互联网，从而增加互联网在国际上的使用；

7. 每年向国际电联理事会报告就此议题开展的活动情况和取得的成果。

责成理事会

审议秘书长和各局主任就实施本决议所开展的活动，并酌情采取必要行动，

请成员国和部门成员

1. 积极参加包括相关语文群体举措在内的所有有关进一步发展和部署互联网国际化域名的国际讨论和举措，并向ITU-T提交书面文稿，以帮助实施本决议；

2. 敦促所有相关实体努力开发并实施国际化域名以加速它们在此领域的活动。

联合国语文安排、文件和出版物问题国际年度会议（IAMLADP）

（2016年6月22日）

维也纳声明

2016年6月20日至22日，来自60个国际组织的语文和会议事务负责人齐聚联合国维也纳办事处，出席语文安排、文件和出版物问题国际年度会议

（语文会议）。

与会者注意到，一些会员国和其他利益攸关方对一种情况表示关切，这就是在有些国际组织中，虽然其理事机构要求所有正式语文一律平等，但在英文和其他正式语文的使用上悬殊越来越大。与会者重申将致力于解决这一情况。

语文和会议事务负责人认为，使用多种语文有助于在多样性中求统一，也有助于国际谅解，而这正是各国际组织在自己的工作领域力求体现的一个核心价值。

语文和会议事务负责人回顾联合国大会为纪念《联合国宪章》签署五十周年通过的第50/11号决议，其中指出使用多种语文是联合国普及性的必然结果，要求每个会员国"有权利和义务让其他会员国了解它和让它了解其他会员国，而不论它使用何种正式语文"。

语文和会议事务负责人还同意这样的观点，即为了行之有效，为争取民众支持各自组织的工作而进行的外联活动，包括通过网络和社交媒体进行的交流活动，应尽可能使用受众的语文。

因此语文会议各成员组织决定：

1. 建议其理事机构将这一重要问题列入各自议程的前列，颁布明确的多种语文使用框架，酌情为执行框架制定行政和业务准则；

2. 提请所有利益攸关方支持并与成员组织语文和会议事务部门合作，寻找创造性解决办法应对面临的挑战，包括资源上的制约，使多种语文的使用成为语文会议各成员组织的主流；

3. 加强努力，协助成员组织建立适当机制，使各成员组织的语文和会议事务部门有效分享多种语文主流化过程中的最佳做法和应对挑战的创造性解决办法；

4. 作为语文会议的成员组织，举办和积极参与语文方面的纪念活动，例如为成员组织各正式语文设立的语文日，每年2月21日的国际母语日，每年9月30日的国际翻译日，促进各界认识语文多样性的价值和重要意义。

第七十一届联合国大会第 263 号(LXXI)决议

(2016 年 12 月 23 日)

人力资源管理

大会，

10. 又重申需要尊重秘书处两种工作语文的平等地位，还重申按照任务授权需要在特定工作地点使用其他工作语文，为此，请秘书长确保在空缺通知中注明需要掌握秘书处两种工作语文之任何一种，除非该员额的职能要求掌握特定工作语文；

11. 确认联合国在实地与当地居民的互动交流必不可少，而语文技能是甄选和培训进程的重要元素，因此申明，在这些进程中应将熟练掌握驻在国官方语文作为一个补充优势加以考虑。

第七十二届联合国大会第 288 号(LXXII)决议

(2017 年 5 月 24 日)

专业翻译在实现各国互联互通及促进和平、了解和发展中的作用

大会，

遵循《联合国宪章》，

回顾其以往关于会议时地分配办法的各项决议，包括 2016 年 12 月 23 日第 71/262 号决议，重申 1987 年 12 月 11 日第 42/207 C 号决议，并回顾其以往关于使用多种语文的各项决议，特别是 2015 年 9 月 11 日第 69/324 号决议，

又回顾其关于宣布国际年的 1998 年 12 月 15 日第 53/199 号和 2006 年

12月20日第61/185号决议,以及经济及社会理事会关于国际年和周年纪念活动的1980年7月25日第1980/67号决议,

还回顾《2030年可持续发展议程》,其中确认所有文化和文明都可推动可持续发展,是可持续发展的重要推进手段,

认识到尊重世界各国的文化和语言多样性是在联合国弘扬开放、公平和对话精神所必不可少的先决条件,

确认使用多种语文在联合国活动中的作用,把使用多种语文作为本组织的一种核心价值观向全世界推广,以及努力把使用多种语文作为在全球促进、保护和维护语言和文化多样性的一种手段,

意识到语言作为融合共性和特性的一种手段,反映了一个团结的世界正因其具有多样性而变得强大这一理念,

注意到专业翻译——包括笔译、口译和词语汇编——把文学作品或包括技术资料在内的科学著述从一种语言移译成另一种语言,对于在国际公共话语体系和人际交流中确保表述清晰、气氛积极和取得成果是不可或缺的,

回顾联合国六种正式语文地位平等至关重要,

认识到语言专业人员在会议服务和实地工作中都对推动联合国的事业作出切实贡献,其中包括在维护和平与安全、维持和平、增进人权和促进可持续发展业务活动方面,

赞赏地注意到秘书长努力保持翻译工作的高质量和工匠精神,

欢迎通过每年举办圣杰罗姆翻译竞赛纪念国际翻译日,

又欢迎秘书长同与联合国签署培养语言竞争性考试候选人问题谅解备忘录的大学网络开展合作,并认识到这一合作在向联合国各语文处输送人才方面发挥的作用,

1. 申明专业翻译既是一个行业又是一门艺术,在维护《联合国宪章》的宗旨和原则,团结各国,促进对话、了解和合作,推动发展,加强世界和平与安全等方面发挥重要作用;

2. 决定宣布9月30日为国际翻译日;

3. 邀请所有会员国、联合国系统各组织、其他国际和区域组织,以及包括非政府组织和个人在内的民间社会,通过适当方式并根据国家优先事项举办

国际翻译日纪念活动,以提高对专业翻译重要性的认识,并强调指出此类活动的费用应由自愿捐款支付;

4. 请秘书长继续保持联合国语言专业人员工作的高质量和优异水平。

第七十二届联合国大会第 328 号(LXXII)决议

(2017 年 9 月 11 日)

使用多种语文

大会,

确认使用多种语文是本组织的核心价值,有助于实现《联合国宪章》第一条规定的联合国目标,

又确认联合国力求使用多种语文,以此在全球促进、保护和保存语文和文化的多样性,并提高本组织的效率、业绩和透明度,

在这方面还确认切实使用多种语文有助于在多样性中求统一,增进国际了解、容忍和对话,并确认能够用世界人民自己的语言,包括以残疾人可以采用的形式,与他们进行沟通非常重要,以此促进联合国行动的主导权和可持续性,

强调指出必须严格遵守为联合国不同机构和机关规定语文安排的各项决议和规则,

回顾阿拉伯文、中文、英文、法文、俄文和西班牙文是大会包括其各委员会和小组委员会的正式语文和工作语文,也是安全理事会的正式语文和工作语文,阿拉伯文、中文、英文、法文、俄文和西班牙文是经济及社会理事会的正式语文,而英文、法文和西班牙文是其工作语文,英文和法文是秘书处的工作语文,

强调在联合国的活动中使用多种语文的重要性,

确认使用多种语文通过联合国各部厅的工作对推动国际和平与安全、发

展和人权具有促进作用,

重申大会题为"变革我们的世界:2030年可持续发展议程"的2015年9月25日第70/1号决议,并重申大会坚定不移地致力于实现《2030年议程》,并以此为契机,到2030年把我们的世界变得更加美好,

回顾其通过《在民族或族裔、宗教和语言上属于少数群体的人的权利宣言》的1992年12月18日第47/135号决议,以及《公民权利和政治权利国际公约》,特别是其中关于在族裔、宗教或语言上属于少数群体的人的权利的第二十七条,

又回顾联合国教育、科学及文化组织大会于1999年11月17日决定,应宣布2月21日为国际母语日,

还回顾其1946年2月1日第2(I)号、1968年12月21日第2480 B(XXIII)号、1987年12月11日第42/207 C号和1995年11月2日第50/11号决议及其他与使用多种语文有关的后续决议,包括2015年9月11日第69/324号、2016年12月6日第71/101 A和B号、2016年12月23日第71/262号、2016年12月23日第71/263号、2017年5月24日第71/288号和2017年7月19日第71/314号决议,

1. 表示注意到秘书长的报告;

一、普遍使用多种语文和秘书处的作用

2. 强调联合国六种正式语文地位平等至关重要;

3. 着重指出必须充分执行为联合国正式语文和秘书处工作语文规定语文安排的所有决议;

4. 又着重指出秘书处有责任在现有资源范围内在其各项活动中平等使用多种语文;

5. 注意到以相关正式语文提供联合国文件仅限于秘书处活动的某些领域,因此邀请秘书长按照相关细则和条例采取适当措施,在现有资源范围内执行使用多种语文的现行政策;

6. 特别注意到,很大比例的招标仅以英文发布,因此鼓励秘书处酌情利用现行的使用多种语文政策,为当地供应商参与联合国采购招标程序提供便利;

7. 关切地注意到《采购手册》的英文本成文于2013年7月,法文本和西班牙文本则成文于2010年3月,鼓励秘书处继续努力确保《采购手册》的更新;

8. 欢迎秘书长任命使用多种语文问题协调员,负责在全秘书处全面落实使用多种语文,促请秘书处各部厅全力支持协调员落实关于使用多种语文的相关任务规定,并请秘书长在下一次关于使用多种语文问题的报告中汇报这方面的情况;

9. 认可秘书长关于使用多种语文问题的报告中所提议的使用多种语文问题协调员的职权范围;

10. 回顾秘书长有权按照大会1999年12月6日第54/64号决议首次提出的要求,任命一名秘书处高级官员担任未来的使用多种语文问题协调员;

11. 促请秘书长继续发展协调人网络,协助使用多种语文问题协调员在秘书处所有相关部厅有效和持续执行有关决议,邀请秘书长通过其在联合国系统行政首长协调理事会中的作用,必要时通过制定连贯的政策框架,支持在联合国系统内对使用多种语文问题采取全面、协调的办法,同时考虑到联合检查组关于使用多种语文的报告所载的有关建议;

12. 注意到各部厅表示,由于缺乏按语文分类的数据,在为秘书长的报告汇编资料时遇到各种困难,鼓励秘书长支持使用多种语文问题协调员的工作,在适用时开发一个用来收集按语文分列数据的模板;

13. 欢迎在联合国内专门为每个正式语文安排一个语文日,以宣传和进一步认识每个语文的历史、文化和使用情况,并鼓励秘书长以不增加费用的方式进一步加强这种办法,在必要时通过伙伴组织包括会员国和联合国教育、科学及文化组织等机构的参与,还鼓励秘书长考虑把这一重要举措扩大到世界各地使用的其他非正式语文;

14. 又欢迎各国际组织以共同语文为基础,在使用多种语文方面努力加强与联合国的合作;

15. 还欢迎联合国教育、科学及文化组织、会员国、联合国系统各实体、其他国际组织和所有其他参与机构开展活动,促进尊重、弘扬和保护所有语文(尤其是濒危语文)、语言多样性和使用多种语文;

16. 重申语言多样性是文化多样性的重要元素,强调指出充分和有效执行

2007年3月18日生效的《保护和促进文化表现形式多样性公约》的重要性,并回顾2003年10月15日《关于促进和使用多种语文和普及进入网络空间的建议》;

二、新闻部在使用多种语文方面的作用

17. 重申秘书处新闻部的首要任务是通过其外联活动,向公众提供关于联合国任务和责任的准确、公正、全面、均衡、及时和相关的多种语文信息,以最透明的方式加强国际上对联合国活动的支持;

18. 强调必须在新闻部的所有活动中使用联合国所有正式语文,确保对各正式语文完全一视同仁,以消除英文与其他五种正式语文在使用上的不平等,在这方面重申请秘书长确保新闻部在所有正式语文方面具有开展其所有活动所必需的人员配置;

19. 又强调新闻部在为国际和平与安全、发展和人人享有人权赢得支持方面的作用,以及使用多种语文对于实现这些目标的贡献;

20. 欢迎新闻部不断努力在其所有活动中加强使用多种语文,并强调指出必须确保通过联合国网站提供联合国所有新公开文件的所有六种正式语文文本、宣传资料和所有联合国旧文件,供会员国及时取用;

21. 鼓励新闻部继续按照目标受众的需要,酌情使用正式语文以外的其他语文,以便尽可能向最广大的民众传播信息,并将联合国信息传播到世界每一角落,从而加强国际社会对本组织活动的支持;

22. 欢迎联合国新闻中心网络,包括联合国区域新闻中心,为发布联合国新闻材料并将重要文件翻译成联合国正式语文以外的其他语文所做的工作;鼓励各新闻中心继续在其互动性和主动性工作中开展重要的多种语文活动,并用当地语文制作网页,并鼓励新闻部提供必要的资源和技术设施,以期面向尽可能广大的受众,把联合国的讯息传播到世界每一个角落,从而增强国际社会对本组织活动的支持;鼓励在这方面继续努力;

23. 强调联合国新闻中心网络在以下方面的重要性:提升联合国的公共形象;向当地民众特别是向发展中国家民众传播关于联合国的讯息,同时考虑到以当地语文传播信息对当地民众影响最大;在地方一级动员支持联合国工作;

24. 欢迎做出持续努力,使用正式和非正式语文以及传统沟通方式在全球传播信息,在这方面表示特别赞赏联合国电台目前以六种正式语文和非正式语文开展的工作;

25. 请秘书长考虑到联合国总部的导览具有创收性质,继续努力确保始终提供联合国所有六种正式语文的导览服务;

26. 欢迎秘书长关于还在联合国总部提供非正式语文导游服务的倡议;

27. 感兴趣地注意到秘书处通过采取不增加费用的举措,编制正式和非正式语文出版物,增加翻译出版物的数量,鼓励联合国图书馆采取多语文采购政策,并请秘书处继续采取这些举措;

28. 欢迎建成可提供多语文内容的联合国数字图书馆,并鼓励联合国各图书馆继续考虑到在各自活动中使用多种语文的重要性;

29. 赞赏地注意到新闻部努力在地方一级与联合国系统其他组织和机构协作,加强传播活动的协调,并敦促新闻部鼓励联合国传播组在自身工作中促进语文多样性;

30. 回顾其第 71/101 B 号决议第 65 段,鼓励新闻部优先制订合作安排,以不增加费用的方式实现联合国视听档案的数字化,同时保留它们的多语文特点;

31. 请秘书长继续全力确保秘书处出版物和其他信息服务,包括联合国网站和联合国新闻服务处,以所有正式语文提供与联合国当前所关切问题有关的全面、均衡、客观和公平的信息,并保持编辑独立性、公正性和准确性,完全遵守大会的决议和决定;

三、网站和其他网基沟通工具

32. 重申联合国网站是会员国、媒体、非政府组织、教育机构和公众的重要工具;

33. 又重申必须在所有联合国网站上实现六种正式语文的完全同等使用,在这方面欢迎秘书长落实对联合国网站的全面审查,包括审查各正式语文之间的内容差异,并赞赏地注意到秘书长关于使用多种语文的报告中提议的创新构想、潜在协同增效办法和其他不增加费用的措施,以实现六种正式语文的

完全同等使用,请秘书长在其下一份报告中介绍这一审查的最新版本;

34. 欢迎秘书长落实对联合国网站的全面审查,介绍非正式语文内容情况,并赞赏地注意到秘书长关于使用多种语文的报告中提议的创新构想、潜在协同增效办法和其他不增加费用的措施,以便酌情加大力度,以多种语文更广泛开发和充实联合国网站,请秘书长在其下一份报告中介绍这一审查的最新版本;

35. 回顾大会第 69/324 号决议第 29 段,关切地注意到秘书处维持的网站上英文和非英文的使用不平等,敦促秘书长率领秘书处各部厅努力采取实际行动解决此类不均衡情况,为此促请所有利益攸关方,包括秘书处新闻部、提供内容的部厅,尤其是信息和通信技术厅,继续在各自任务范围内开展协作,以便在秘书处所有实体开发和维持的联合国所有网站上实现六种正式语文之间的完全平等,充分遵循使用多种语文的原则,遵守关于使用多种语文和残疾人无障碍问题的相关决议,为此在现有资源范围内做出一切努力,对目前仅有英文的材料进行翻译,并向各部厅提供符合平等原则的技术解决方案;

36. 敦促秘书长加大工作力度,在现有资源范围内平等使用所有联合国正式语文,发展、维持和充实多语种联合国网站和秘书长网页;

37. 再次请秘书长在确保网站提供最新和准确信息的同时,充分尊重六种正式语文的需要和各自特点,在所有六种正式语文之间公平分配新闻部内部拨给联合国网站的资金和人力资源;

38. 鼓励继续对配有口译服务的大会和经济及社会理事会及其各自的附属机构的公开会议以及安全理事会的公开会议提供网上直播,请秘书处尽一切努力,严格遵守联合国六种正式语文完全平等的原则,提供完整查阅配有口译服务的联合国以往所有公开正式会议存档录像的机会,促进本组织的透明度和问责制;

39. 关切地注意到在以多种语文发展和充实联合国网站的工作中,若干语文的改进速度大大低于预期,为此请新闻部与提供网站内容的部门协调,推动开展旨在实现联合国网站上六种正式语文充分平等的行动,特别是加快填补一些科室的空缺员额;

40. 表示注意到秘书长报告第三 A 节,请秘书长继续开展这方面持续进行的工作,并敦促秘书处提供网站内容的所有部门加大工作力度,在现有资源范围内,以最实际、最有效和成本效益最高的方式将联合国网站上的所有英文材料和数据库翻译成所有正式语文;

41. 请新闻部与信息和通信技术厅合作,继续努力确保技术基础设施和辅助应用程序充分支持拉丁、非拉丁和双向书写文字,以加强联合国网站上所有正式语文的平等使用;

42. 欢迎新闻部为提高以正式和非正式语文提供的网页数量与学术机构达成的合作安排,请秘书长铭记恪守联合国标准和准则的必要性,与提供网站内容的部门协调,以成本效益高的方式将这些合作安排扩大到联合国所有正式语文;

43. 着重指出采用社交网络等新通信工具必须顾及语文层面,以确保本组织所有正式语文的充分平等使用;

44. 敦促秘书处使用其两种工作语文不断更新 iSeek,继续努力在所有工作地点采用 iSeek,并制订和执行不会增加费用的措施,使会员国能够安全地获得目前只能通过秘书处内联网得到的信息;

四、文件和会议服务

45. 再次请秘书长优先完成将联合国所有重要旧文件以所有六种正式语文上传到联合国网站的任务,从而使会员国也可通过这个途径查阅这些档案;

46. 请秘书长继续在会议管理工作中,通过提供文件服务和会议与出版服务,包括提供高质量的笔译和口译服务,确保各政府间机关中的会员国代表和联合国专家机构的成员平等地使用联合国所有正式语文,有效地用多种语文进行沟通;

47. 再次关切地请秘书长确保依照大会 2000 年 12 月 23 日第 55/222 号决议第三节第 5 段,在以印本分发会议文件以及在正式文件系统和联合国网站张贴会议文件方面,严格遵守以所有六种正式语文同时分发文件的规定;

48. 重申应全面执行和遵守大会议事规则第 55 条,该条规定在大会召开期间,《联合国日刊》应在现有资源范围内以大会使用的语文印发;

49. 着重指出有关工作方法演变的所有举措包括试行举措,都应遵守本组

织正式语文平等的原则,以保持或提高秘书处的服务质量和范围;

五、人力资源管理和工作人员培训

50. 回顾其第 71/263 号决议,特别是其中第 10 段,其中重申需要尊重秘书处两种工作语文的平等地位,重申按照规定在特定工作地点增用其他工作语文的做法,为此请秘书长确保在空缺通知中具体说明需要秘书处两种工作语文中的任何一种,除非有关员额的工作需要某种特定的工作语文;

51. 满意地注意到秘书处愿意鼓励工作人员在提供口译服务的会议上,使用六种正式语文中他们所掌握的任何一种语文;

52. 鼓励联合国工作人员继续积极利用现有培训设施,掌握一种或多种联合国正式语文,并提高其熟练程度;

53. 欢迎秘书长邀请秘书处所有实体建立一份工作人员语文能力盘存表,同时以最佳方式使用现有语文数据库,并鼓励秘书处人力资源管理厅按照第 69/324 号决议的要求与使用多种语文问题协调员合作支持这些努力,包括在执行流动政策中考虑到语文能力;

54. 请秘书长继续努力确保所有工作人员都有平等机会获得六种正式语文的培训;

55. 回顾其第 71/263 号决议第二节第 11 段,其中确认在外地联合国有必要与当地民众进行交流互动,语文技能是人员甄选和培训工作的一个重要因素,因此确认在进行这些工作时,应将熟练掌握所在国官方语文作为一项额外优势加以考虑;

56. 又回顾 2014 年 4 月 9 日关于流动框架的第 68/265 号决议,请秘书长考虑到适用的语言技能,同时确保充分遵守《联合国宪章》第一百零一条的规定;

57. 邀请秘书长在高级管理人员契约中列入有关使用多种语文的管理指标,保证在适用时以六种正式语文印发给政府间机构和大会各委员会的正式文件;

58. 强调指出应继续严格按照《宪章》第一百零一条并根据大会各项决议的相关规定雇用工作人员;

59. 关切地注意到一些由人力资源管理厅编写的征聘手册只有英文版,鼓励秘书长确保即将进行的审查和更新,特别是对申请人手册的审查和更新,将同时以各工作语文出版;

60. 邀请秘书长确保遵守联合国工作人员应有能力使用秘书处一种工作语文的要求,鼓励秘书长进一步执行第2480B(XXIII)号决议;

61. 表示注意到宣布使用多种语文问题协调员与人力资源管理厅之间即将开展合作,协助制定指导方针,用以帮助征聘管理人制订空缺通知中的语文要求,以满足本组织的需求;

62. 又表示注意到管理委员会决定请人力资源管理厅审查在工作人员甄选程序中对语文能力的评估,邀请秘书长采取适当措施,在组成面试小组过程中考虑到空缺通知中提到的语文特点,并请秘书长在大会第七十三届会议期间就此汇报情况;

63. 邀请秘书长采取适当措施,在为雇用联合国工作人员组成面试小组时考虑到空缺通知中提到的特定语言要求;

64. 强调指出专业及以上职类工作人员的晋升应严格按照《宪章》第一百零一条进行,并须符合第2480B(XXIII)号决议的规定和2001年6月14日第55/258号决议的相关规定;

六、语文事务工作人员

65. 回顾其2011年12月24日第66/233号决议,尤其是其中第三节第7段,再次请秘书长确保对各语文服务部门一视同仁,向其提供同等有利的工作条件和资源,以便在充分尊重六种正式语文各自特点的情况下,尽可能提高语文服务质量,在这方面回顾1999年12月23日第54/248号决议D节第11段;

66. 承认秘书长根据大会各项决议为解决替换退休的语文事务工作人员问题所采取的措施,请秘书长保持并加强这些努力,包括加强与语言专家培训机构的合作,以便满足联合国对六种正式语文的需求;

七、在联合国三大支柱内使用多种语文

67. 注意到秘书长在提供有关执行《2030年可持续发展议程》的多语种信息、技术援助和培训材料方面的工作,并鼓励秘书长在这方面继续努力;

68. 表示注意到和平行动问题高级别独立小组的报告所载与使用多种语文有关的建议、秘书长此后的报告,以及审查建设和平架构专家咨询小组的报告;

69. 确认语文和交流方案对在联合国内部促进使用多种语文的贡献,鼓励秘书处继续密切合作,在现有资源范围内,支持外地工作人员语文学习的需要,并请秘书长向大会第七十三届会议提供这方面的进一步资料;

70. 强调指出尽可能以受惠国当地语文提供联合国信息、技术援助和培训材料的重要性,包括通过联合国当地网站予以提供;

71. 回顾其第 71/314 号决议,其中核准维持和平行动特别委员会的提案、建议和结论;

72. 表示注意到秘书长报告所述与外地行动有关的持续举措,请秘书长继续他在这方面正在进行的努力,并在不妨碍《宪章》第一百零一条的前提下回顾大会 2012 年 9 月 17 日第 66/297 号决议;

73. 敦促秘书处在现有资源范围内把所有维持和平培训文件翻译成联合国六种正式语文,促使并方便所有会员国,特别是部队派遣国和警察派遣国,以及其他有关机构都能使用这些文件;

74. 请秘书长向大会第七十三届会议提交一份全面报告,说明如何充分执行大会关于使用多种语文的决议;

75. 决定将题为"使用多种语文"的项目列入大会第七十三届会议临时议程。

第七十二届联合国大会第 439 号(LXXII)决议

(2017 年 12 月 19 日)

国际手语日

大会,

确认使用多种语文是本组织的核心价值,有助于实现《联合国宪章》第一

条规定的联合国目标,

又确认联合国力求使用多种语文,以此在全球促进、保护和保存语文和文化的多样性,并提高本组织的效率、业绩和透明度,

重申其关于宣布国际年的1998年12月15日第53/199号和2006年12月20日第61/185号决议,以及经济及社会理事会关于国际年和周年纪念的1980年7月25日第1980/67号决议,特别是该决议附件中关于宣布国际年商定标准的第1至10段,以及规定在为国际日或国际年的组织工作和经费筹措作出必要的基本安排之前不应宣布国际日或国际年的第13和14段,

回顾《公民权利和政治权利国际公约》,

又回顾《残疾人权利公约》,其中反映出手语与口语具有平等地位,公约缔约国承诺确认、接受和促进使用手语,

还回顾其1946年2月1日第2(I)号、1968年12月21日第2480B(XXIII)号、1987年12月11日第42/207 C号、1992年12月18日第47/135号和1995年11月2日第50/11号决议,以及其后关于使用多种语文的其他决议,包括2013年7月24日第67/292号、2014年9月10日第68/307号、2014年12月5日第69/96 A和B号、2014年12月29日第69/250号、2015年9月11日第69/324号、2016年12月6日第71/101 A和B号、2016年12月23日第71/262和71/263号、2017年5月24日第71/288号、2017年7月19日第71/314号和2017年9月11日第71/328号决议,

申明确保和促进充分实现与语言问题有关的所有人权和基本自由,是充分实现失聪者人权的重要先决条件,

意识到手语是得到充分发展的自然语言,结构上不同于口语但与口语共存,在与失聪者社区一道工作时,必须考虑并结合"我们的事情应由我们自己积极参与"的原则,

回顾尽早接触手语和手语服务,包括用手语提供的优质教育,对于失聪者的成长和发展至关重要,是实现国际商定发展目标的关键,

认识到保全手语作为语言文化多样性组成部分的重要性,

1. 宣布9月23日为国际手语日,从2018年开始每年举办活动,以提高对手语在充分实现聋人人权方面的重要性的认识;

2.邀请所有会员国、联合国系统相关组织、其他国际组织以及民间社会，包括非政府组织和私营部门，以适当方式举办国际手语日活动，以提高公众对手语的认识；

3.鼓励会员国采取措施，提高全社会对手语的认识；

4.请秘书长提醒所有会员国和联合国系统各组织注意本决议；

5.强调指出执行关于国际手语日的本决议可能产生的所有活动费用均应由自愿捐款支付。

联合国教科文组织大会议事规则(2018年版)

X. 大会语言

第50条 工作语言

大会之工作语言为：阿拉伯文、中文、英文、法文、俄文和西班牙文。

第51条 大会所在国之语言

如大会所在国之民族语言非任何一种大会之工作语言，执行局则应采取特殊措施以便在大会期间使用该国的民族语言。

第52条 其他语言之翻译

代表团可用非工作语言发言。但需自行提供翻译将其发言译成其所选择之一种工作语言；秘书处应提供译成其他工作语言的翻译。

第53条 工作语言之使用

除大会会刊外，所有工作文件均应以工作语言发表。全体会议的逐字记录应出版临时性单行本，其中发言记录应以发言时使用之工作语言复印；在正式版本中，每一发言应以发言时使用之工作语言复印；发言使用的语言如非英语或法语而为其他工作语言时，则应附以英文或法文译文，两种语言按会议顺序轮流使用。

第 54 条　正式语言

1. 大会之正式语言为：阿拉伯文、中文、英文、法文、印地文、意大利文、葡萄牙文、俄文和西班牙文。

2. 经一个或若干有关会员国请求，任何一种语言均可被承认为大会之正式语言，但任何会员国不得提出承认一种以上语言之要求。

第 55 条　正式语言之使用

1. 任何对组织法文本的修正以及大会关于组织法和教科文组织法律地位之任何决定，均须译成正式语言。

2. 应任何代表团之请求，任何其他重要文件，包括逐字记录，均可译成其他正式语言。有关代表团如遇此种情况，应提供必要的译员。

国际电信联盟 2018 年全权代表大会第 154 号决议

（2018 年）

在同等地位上使用国际电联的六种正式语文

忆及

(a) 联合国大会关于使用多种语文的第 67/292 号决议；

(b) 本届大会第 66 号决议（2018 年，迪拜，修订版）；

(c) 本届大会第 165 号决议（2018 年，迪拜，修订版）；

(d) 全权代表大会第 168 号决议（2010 年，瓜达拉哈拉，修订版）；

(e) 本届大会第 5 号决定（2018 年，迪拜，修订版）；

(f) 本届大会第 11 号决定（2018 年，迪拜，修订版），

重申

关于在同等地位上使用六种语文的全权代表大会第 154 号决议（2014 年，釜山，修订版）中载入的平等对待六种正式语文的基本原则，

满意并赞赏地注意到

（a）为落实第 154 号决议（2014 年，釜山，修订版）而在统一六种语文的工作方法和优化人员配备水平、对于定义和术语数据库进行语言的统一以及集中编辑职能方面所取得的进展；

（b）国际电联对有关语文安排、文件和出版物问题的国际年度会议（IAMLADP）的积极参与；

（c）阿拉伯文、俄文和中文国际电联电信/信息通信技术（ICT）术语和定义数据库的开发；

（d）国际电联联合词汇协调委员会（CCT）、国际电联无线电通信部门词汇协调委员会（CCV）和国际电联电信标准化部门词汇标准化委员会（SCV）所完成的、有关以国际电联所有六种正式语文采用电信/ICT 领域术语和定义并就其达成一致的工作。

进一步注意到

（a）国际电联理事会 2016 年会议通过的关于理事会语文工作组（CWGLANG）的第 1372 号决议；

（b）理事会 2017 年会议通过的关于 CCT 的第 1386 号决议；

（c）国际电联各部门与语文相关的各项决议。

认识到

（a）笔译和口译是国际电联工作的基本要素，促成国际电联所有成员对讨论中的重要问题达成共同理解；

（b）正如联合国联合检查组关于《联合国系统内实行多种语文》的报告（JIU/REP/2002/11 号文件）中所呼吁的、因联合国系统各组织的普遍性而需要保持和改进多语种服务内容的重要性；

（c）CWG-LANG 所完成的工作以及秘书处为落实经理事会同意的该工作组各项建议所开展的工作，尤其体现在统一各语种的定义和术语数据库以及集中编辑职能、阿拉伯文、中文和俄文术语数据库的整合以及协调和统一六种语文服务的工作程序方面。

进一步认识到

（a）国际电联所面临的预算限制，以及确保将国际电联有关在平等地位上使用国际电联各种语文的工作与预算一并考虑从而实现费用高效划拨的重要性；

(b) 第5号决定(2018年,迪拜,修订版)1、2两段指出,国际电联各正式语文的口译、笔译和文本处理支出在2020—2023年间不得超出8 500万瑞郎。

做出决议

继续采取一切必要措施,确保在同等地位上使用国际电联的六种正式语文,并且提供口译和国际电联文件的笔译,尽管国际电联的一些工作(例如工作组、区域性大会)可能不需要使用所有六种语文,

责成秘书长与各局主任紧密协作

1. 每年向理事会和CWG－LANG呈交包含如下内容的报告：

——自2014年以来将文件翻译成国际电联六种正式语文的预算演进情况(同时考虑到每年笔译翻译量的变化)；

——联合国系统内外的其他国际组织所采用的程序以及对其翻译费用的基准研究；

——总秘书处和三个局在实施本决议时采取的增效和节约成本的举措,并将之与自2010年以来的预算演进情况进行比较；

——有待国际电联采用的、可行的替代翻译程序,尤其是创新技术的使用及其优势和劣势；

——在落实理事会通过的、针对口笔译工作的措施和原则方面取得的进展。

2. 立即将针对任何国际电联活动而提交国际电联秘书处的所有文稿原文在相关活动网站上公布,之后提供国际电联其他正式语文的译文；

3. 继续开展统一国际电联各部门网站的工作,以确保网站内容清楚明了、导航方便并树立"国际电联是一家"的形象；

4. 以国际电联所有六种语文及时更新国际电联网站的网页。

责成国际电联理事会

1. 在考虑到财务影响和充分利用创新型技术优势的情况下,继续分析国际电联采用替代翻译程序的问题,以便减少国际电联预算中笔译和打字的支出,同时保持或提高目前的笔译质量以及电信技术术语的正确使用；

2.继续开展分析,包括利用适当的指标分析理事会在其2014年会议上通过的、针对口笔译的最新措施和原则的应用情况,同时顾及财务方面的限制,并且铭记全面落实在同等地位上对待六种正式语文这一终极目标;

3.寻求并监督适当的操作性措施,如:

——继续审议国际电联的文件制作和出版服务,以消除任何重复工作,形成合力;

——为支持实现国际电联的战略目标,促进以六种语文及时且同时提供优质高效的语文服务(口译、文件制作、出版物和新闻材料);

——支持最适宜的人员配备水平,其中包括核心人员、临时提供帮助的人员和外包,同时确保所需的高质量口笔译服务;

——在语文和出版活动中继续明智且有效地使用ICT,同时考虑到其他国际组织所取得的经验和最佳做法;

——继续探索并落实所有可能的措施,在理由正当的情况下缩短文件篇幅和减少文件量(页数限制、内容提要、将资料放入附件或超级链接),并使会议更加环保,但不得影响有待翻译或出版的文件的质量和内容,同时明确牢记需符合联合国系统使用多种语文的目标;

——作为优先事项,在切实可行的情况下,采取一切必要措施,实现以多种语文内容和用户友好方式在国际电联网站上平等使用六种语文;

4.对国际电联秘书处开展的以下工作进行监督:

——将所有现有的定义和术语数据库整合成一个集中的系统,采取适当措施维护、扩充和更新这一系统;

——建成并充实完善所有语文的国际电联电信/ICT术语和定义数据库;

——为六个语文服务科提供必要的合格人员和工具,以满足每种语文的需求;

——更好地树立国际电联的形象并提高对外宣传工作的有效性,尤其在以下各方面使用国际电联所有六种语文:

出版《国际电联新闻》、创建国际电联网站、组织网播和录音存档以及发布公众宣传性质的文件,其中包括国际电联电信展会活动的公告、电子快讯,等等;

5. 保留CWG-LANG,以便与CCT和理事会财务和人力资源工作组密切协作,监督进展并向理事会汇报本决议的落实情况;

6. 与各部门顾问组开展协作,审议应包括在输出文件中并予以翻译的材料类型;

7. 继续在不牺牲质量的前提下,考虑可降低文件制作成本和减少文件制作量的措施,尤其是在各大会和全会方面,将其作为一项长期项目进行研究;

8. 向下届全权代表大会汇报本决议的实施情况。

请各成员国和部门成员

1. 确保相关语文群体对不同语文版本的文件和出版物的利用、下载以及购买,以实现其益处和成本效益的最大化;

2. 尽早在国际电联大会、全会和会议召开之前提交文稿和输入意见,遵守提交需要翻译的文稿的截止期限,并且努力控制其篇幅和数量。

联合国语言政策文件

(2018年)

联合国语文框架

2018年,秘书长授予"联合国秘书处语言学习和评估协调"多语种类别的联合国秘书长奖。联合国日内瓦办事处的语言培训方案(LTP)和纽约联合国总部的语言与交流方案(LCP)都受到嘉奖。

该框架为语言学习和评估创建了一个通用的联合国语言框架。该框架受到嘉奖,是因为在整个秘书处的所有语言学习方案中使用共同课程就可以更有效地管理语言方案,并可为职业发展和员工招聘开发其他评估工具提供参考;该框架使语言技能得到更广泛的认可,职业流动和事业发展得以平稳过渡。

一、引言

为了在联合国系统内促进多种语言使用,语文协调项目(LHP)拟为语言学习和评估创建一个通用的联合国语文框架,该框架对六种联合国正式语文同样有效。这一框架的主要内容是确定语言能力的四个级别,特别是在联合国范围内。

联合国语言框架等级的目标是在联合国所有语文方案之间建立一致性,同时保持灵活性并适应各地的现实。采用这一框架将有助于更有效地管理语言项目,加强对语言技能的认识,并使职业流动和事业发展的过渡更加顺利。

二、《指南》简介

本《指南》旨在帮助用户更好地了解联合国语言等级划分。每个语言级别由一个整体描述和四个具体指标来定义,可以作为一个整体来读取。用户可能希望先了解总体描述,再读取特定指标,或者可能选择一个特定技能,看看不同级别对该指标的要求有什么变化。

本《指南》包括:(1) 对四级语言水平的概述;(2) 四级语言水平的总体描述;(3) 听说读写四种技能的具体描述;(4) 术语表。

尽管这些术语可能存在其他解释和定义,但请记住,读者应理解术语表中的定义,术语表解释了这些术语在《指南》中的具体用法。

请注意,任何相关方均可获得其他文件和具体示例。在这方面,请读者定期咨询人力资源门户网站。

联合国语言框架借鉴了一些政府机构的工作成果,特别是美国外语教学委员会、加拿大语言基准评估中心和欧洲委员会的《欧洲语言共同参考框架》。

三、联合国语言能力水平

在每个层次的语言能力水平上,联合国工作人员都应在各种多语言和多文化背景下发挥能动性,利用现有的多语言和多种文化能力进一步发展其语库和文化技能,并促进整个组织的成功沟通与合作。

(一)联合国语言能力水平的总体描述

1. 联合国语言水平一级

● 在处理个人、公共和专业领域的常规或可预测事项时,在无特定要求的日常环境和情况下,在整个组织内以简单的方式使用语言。

● 表现出基本的语言能力,并使用有限的社交语言惯例来满足简单的交流需求。

● 对于是否需要采取行动理解有限,能够表现出一定的自主响应。

● 通常需要参考资源和模型、模板或外部帮助来提前准备、检查理解或修复沟通。

2. 联合国语言水平二级

● 在日常环境和情况下,在处理个人、公共和专业领域的普通或一般事务时,能在整个组织内以中等流利度和准确性使用语言。

● 掌握中等范围的语言和语用能力以及社交语言惯例,以满足一般沟通需求。

● 了解是否需要采取行动或响应,并表现出足够的自主性来响应。

● 通常需要参考资源和模型或外部帮助来提前准备、检查理解情况并改进或支持沟通。

3. 联合国语言水平三级

● 在处理个人、公共和专业领域的各种一般事务时,能够在各种背景和情况下,在整个组织内高效、流利和准确地使用语言。

● 熟练掌握一系列语言和语用能力以及社交语言惯例,能够满足大多数沟通需求。

● 自主且充分地响应最需要的行动。

● 利用参考资源确认和完善解释,并改善沟通。

4. 联合国语言水平四级

● 能够高效灵活地使用语言,始终保持高度的流利性、准确度和精确性。在处理个人、公共和专业领域的广泛事务时,能够在各种要求苛刻的环境和情况下在整个组织内发挥作用,即使是不利的或不可预测的。

● 出色地掌握各种语言和语用能力以及社交语言惯例,能够满足任何沟通需求。

● 能够毫不犹豫地做出恰当响应并跟进任何所要求的行动。

● 能够使用参考资源,以加强沟通的细腻度和精确性。

(二) 联合国语言能力水平的分级描述

1. 联合国语言水平一级:基础语言能力

信息接受:阅读

在各种不同类型的明确、清晰的事实文本中,能够理解主要信息并能找到具体信息,常常需要借助图例或背景知识。

信息接受:听力

在图例或背景知识的帮助下,能够清楚地理解较慢或平均速度的标准口语文本中的主要信息,常常要求重复或重新表述。

口语表达与互动

能够参与一些简单、简短和惯例性的交流,通常需要对话者的帮助。能够表述简单、事先准备好的简短口语文本。

书面表达和互动

在各种资源和工具的帮助下,能够编写或起草简短的文本、笔记和信息,并生成较长的文本。能够回复简单的日常信函。

2. 联合国语言水平二级:中级语言能力

信息接受:阅读

能够理解一般含义,并在不同类型的明确、清晰的事实文本中确定主要结论和最相关的细节。

信息接受:听力

对于以平均速度和标准清晰口语传达的文本,能够理解大意并识别其中的主要结论。可能经常需要重复某个单词或短语。

口语表达与互动

能够轻松参与日常互动、陈述和表达个人意见。在事先准备或不准备的情况下,陈述简短至中等长度的口语文本。传达口头或书面交流中包含的要点。

书面表达和互动

能够就具体问题编写或起草不同体裁的短文。在书面交流中,使用书写惯例做出适当回应。传达口头或书面交流中包含的要点。

3. 联合国语言水平三级:高级语言能力

信息接受:阅读

理解大多数不同体裁、不同长度的书面文本,识别基本信息、最相关的细节以及表达的语气和观点——无论是隐含的还是明确的。了解最常用的习语和比喻语言,以及明确的社会文化所指。

信息接受:听力

对于速度平均及较快、表达清晰、体裁标准、语境呈中等复杂度、带有嘈杂背景音的语料,能够理解文本大意,识别基本信息、最相关的细节以及表达的态度和观点(包括隐式和显式)。有时可能需要重复某个词或短语。

口语表达与互动

能够自然地参与各种互动,进行观点辩论,并表现出回应不同观点的能力。能够陈述内容清晰、结构良好、长度不同、细节适当的口语文本。能够传递并有效总结口头或书面交流中包含的主要信息。

书面表达和互动

能够用不同的体裁撰写清晰有序的文本。在书面交流中,回复文本的语域和风格与交际情境相匹配。能够传递并有效总结口头或书面交流中包含的主要信息。

4. 联合国语言水平四级:专家语言能力

信息接受:阅读

完全理解不同类型和长度的语言和概念复杂的书面文本,捕捉隐含的语义和微妙之处,无论是具体或抽象的内容,即使在不熟悉的语境中。了解广泛的习语和比喻语言以及社会文化所指。

信息接受:听力

对于一系列非标准的文本,即使在不利的情况下,也能以平均到快速的速度理解语言或概念复杂的内容,无需任何特别的努力就能捕捉隐含的含义和微妙之处。了解广泛的习语和比喻语言以及社会文化所指。

口语表达与互动

在各种要求苛刻的情形中,能够熟练地、有技巧地进行观点辩论;基于不同观点,表现出引领和外交干预能力。能够陈述不同主旨的多种口语文本。在口头或书面交流中,能够传递和合成不同类型和复杂程度的文本中包含的信息。

书面表达和互动

以不同的体裁写出相当复杂的长文本。在有难度的书面交流时,能够有效、自信地回应,语域和风格与交际情形匹配。能够传递和合成不同类型和复杂程度的口头或书面文本中包含的信息。

四、术语汇编

术语	定　义
准确性	指学习者能够正确使用语言系统,包括语法、发音和词汇。
充分性	在质量或数量上令人满意或可接受。
恰当性	对于特定情况或系列情形是适合的或恰当的。
语境/情境	语境指围绕交流行为的宏观环境,如时间、地点、对话者的状态以及影响互动的其他因素。一组语境可以构成一个既定的语域。 情境指在各种语境中发生的微观层面的交际环境。
语域	语言指互动或交际发生的区域。联合国语言框架关注三个语域:整个组织中的个人域、公共域和专业域。所有语域都应主要在联合国背景下理解。 个人域涉及人际关系、个人社会实践、与同事或朋友讨论个人问题,如好恶、爱好、住房、家庭等。 公共域指在公共范围内进行的并延伸到公众的活动,包括各种事务,如完成行政任务、处理公共服务、从事文化和休闲活动等。 专业域包括与个人职业活动有关的一切内容,主要与国际组织有关。它还包括教育因素,特别是与培训和发展有关的内容。
效率	尽可能在保持恰当语体的同时,有效地传达预期信息的能力。
日常/惯例	日常:大多数活动经常发生在熟悉的环境。 惯例:使用公式化的语言和非语言要素,几乎可以自动执行,如重复性的任务。

续表

术语	定 义
天赋(才能)	不需要付出太多努力就能把事情做好的能力。
灵活性	无需事先准备即可即兴创作书面或口头文本,并使其适应不断变化的环境的能力。这涉及风格(正式、非正式等)、社会语境(中性、反讽等)和词汇(技术词汇、日常词汇等)。
流利性	能够自动、自发、不迟疑地使用一种语言;在不给任何相关人员造成过度压力的情况下实现交际目标。
一般/普通	一般:在学科、应用或活动范围上没有专业限制,是广大公众都能理解的理念。 普通:没有任何特殊或意外,属于熟悉、频繁、日常的理念。
要点	文本中的主要或最突出的思想。理解文本要点时,并不一定要理解文本中所有的细节。
事项	涉及的主题或情况。为了清楚起见,可以用一个更一般的概念"主题"来代替"事项"。
模型/模板	模型:文本的现有示例,即电子邮件、文章、录音等,可作为生成类似文本的参考。 模板:一种高度结构化的文本形式或布局,通常只具备最少的内容,用于生成副本或新文本,只需进行与内容相关的修改。
精确性	包括准确性,但不仅仅是没有错误,还包括精确性和适宜性。
参考资源	任何有助于更好地准备、理解或产生语言信息的来源。最常用的参考资源示例:权威或官方著作,如词典、百科全书、词汇表;语音识别、数字校正器、在线参考等工具;就语言信息提供帮助或反馈的人。
中继/汇总	中继:接收和传输信息。 汇总:简要重述书面或口头文本的主要观点。
社会主体	语言学习和使用者作为社会主体,属于社会成员,在特定的环境中完成任务。这些任务通常与语言有关,但并非完全如此。社会主体通过口头和各种文本形式进行合作、协商意义、达成共识和有效沟通,从而发展多语言和多文化能力,并制定沟通策略。
标准(口语或书面)	一种语言的标准变体。标准变体通常为一大群人所理解和使用,主要用于半正式和正式语境,以及公共话语中,包括口头和书面语。
文本	任何一段书面或口头文字,无论其长度如何,形成一个连接的整体来表达一个统一的信息。 书面文本的例子包括报告、提案、备忘录、信函、电子邮件、新闻稿、短信、时事通讯、海报、论文等。 口语文本的例子包括新闻故事、采访、对话、独白(如演讲或讲座)、电话对话、讨论等。

联合国教科文组织"世界语言资源保护大会"文件

(2019年1月18日)

保护和促进世界语言多样性 岳麓宣言

引 言

我们生活在不同语言、文化、种族、宗教和不同社会制度所组成的世界里,形成了你中有我、我中有你的命运共同体。语言是促进人类发展、对话、和解、包容与和平的重要前提之一。

人们需要通过语言与他人沟通,并且通过语言将知识、观念、信仰和传统代代相传,这对于人类的生存、自尊、幸福、发展以及和平共处必不可少。我们认识到,在代代相传的历程中,儿童时期的语言学习效果最佳。

同时,语言还是文化的基本特征之一,是记录并传承一个族群、一个地区乃至世界独特文化的主要载体,它有助于人们通过共享的行为模式、互动方式、认知结构和理解方式来交流并构建人类命运共同体。语言记录了人类千百年来积累的传统知识和实践经验。这一知识宝库促进人类发展,见证了人类改造自然和适应环境的能力。

来自世界各地的参会者代表政府、国家语言文字管理部门、学术界、文化、信息和记忆组织、公共部门或私人机构、濒危语言、少数民族语言、土著语言、非官方语言以及方言使用者,其他有关专家于2018年9月19—20日在中国长沙共同出席了世界语言资源保护大会,并且通过本宣言。本宣言:

遵守《世界人权宣言》(1948)提到的各项人权和基本自由,以及其他国际公认的法律文件。

回顾联合国教科文组织组织法序言里申明的:"战争起源于人之思想,故务需于人之思想中筑起保卫和平之屏障。"(1945年11月16日)重申联合国教科文组织是一个积极促进语言多样性和多语主义的联合国系统机构。

基于其他支持语言权利的国际人权文件,包括:《消除一切形式种族歧视国际公约》(1965)、《经济、社会及文化权利国际公约》(1966)、《公民权利和政治权利国际公约》(1966)、《儿童权利公约》(1989)、《保护所有移徙工人及其家庭成员权利国际公约》(1990)、《在民族或族裔、宗教和语言上属于少数群体的人的权利宣言》(1992)、《残疾人权利公约》(2006)、《联合国土著人民权利宣言》(2007)以及国际人权条约和其他机构在这一领域的工作。

回顾了其他国际文件,包括《世界文化多样性宣言》及其行动计划(2001)、《保护非物质文化遗产公约》(2003)、《保护和促进文化表达多样性公约》(2005)和《关于普及网络空间及提倡和使用多种语言的建议书》(2003)。

申明语言多样性政策必须首先尊重人民和社区作为语言守护者的尊严,尊重他们的权利,并就保护和促进语言多样性与他们真诚合作,探讨了为语言振兴、保护和促进所做出的努力,并获悉土著语言以及其他语言不断面临濒危困境的情况。

既考虑到语言和其承载的传统知识对于文化多样性和生物多样性极为重要,尤其在应对气候变化和环境恶化时至关重要,也考虑到拥有自己的语言是决定土著人民享有自决权的一个因素。

回顾绝大多数濒危语言是土著人民语言这一事实;也赞同联合国大会在关于"土著人民权利"的决议(编号71/178)中表达的紧迫感,该决议宣布2019年为"国际本土语言年"。

重申联合国大会2014年9月22日第69/2号决议通过的《世界土著人民大会成果文件》,"全系统行动计划"及其之后的国家行动计划;土著人民权利专家会议及其有关研究和倡议等所达成的共识;以及联合国土著问题常设论坛2016年会议(E/2016/43)的结论和倡议,其主题为:"土著语言:保护和振兴"(《联合国土著人民权利宣言》第13、14和16条)。

本宣言申明

(一)国际社会通过了强调保护语言多样性的重要国际文件以及其他政策文件;尤其是,联合国大会关于"土著民族权利"的第71/178号决议宣布2019年为"国际本土语言年",已再次引起世界范围内对语言及其相关问题的重视。

（二）《联合国土著人民权利宣言》第13、14、16条进一步完善了语言权利的规范性内容。

（三）目前在特别关注保护及振兴土著人民语言文化，保护并传承濒危语言、少数民族语言、非官方语言及方言等方面已有优秀典范。

（四）近年来多个关于土著语言的国际专家会议可为此领域的工作提供借鉴。这些专门的国际研讨会汇聚了跨学科专家、政策制定者、学者以及一线工作者。联合国教科文组织制定的《2019年国际本土语言年行动计划》也是本领域的重要文件。

（五）"知识社会"这一概念建立在包容、开放、多样和多元等关键原则之上。文化多样性和多语主义在促进多元、公平、开放和包容的知识社会方面发挥着重要作用，也是普及教育、获取信息和实现表达自由的重要支柱。

（六）采用以人权为基础的方法，即：不歧视、人权相互依存和相互关联；关注最弱势群体；关注大众参与；基于国际人权规范的责任。

共识和倡议

共识一：保护和促进语言多样性对于可持续发展目标的实现至关重要，因此倡议：

1. 保护和促进语言多样性有助于促进人类发展。保护语言多样性就是要保障各语言使用者在教育及其他基本的公共服务、就业、健康、社会融入、参与社会决策等方面机会均等，避免出现永久性文盲、失业、就医困难、受歧视和其他不公平现象，从而有利于实现消除贫困、消除饥饿和营造良好健康与福祉的人类发展目标。同时，语言多样性也是独特而古老的文化代代相传的基础。

2. 保护和促进语言多样性有助于提高濒危语言、少数民族语言、土著语言、非官方语言以及方言母语者的潜力、行动力和主动性。这包括人们自儿童期便开始使用并传承母语、接受母语教育、获得互联网和其他公共空间的信息和知识，视障人士使用盲文、听障人士使用手语进行交流，增加优质教育和性别平等的机会。

3. 保护和促进语言多样性有助于改善环境。维护语言多样性与理解语言赖以生存发展的自然生态环境、生物多样性、生产生活方式息息相关。在全球化的背景下,应将保护语言多样性与保护具有重大或特殊历史文化价值的城市或村落紧密结合,为保护语言多样性提供必要的环境条件和服务,探索语言多样性、环境保护与经济增长共赢的可持续发展模式。

4. 保护和促进语言多样性有助于推动经济发展。语言多样性为不同的语言使用者在其教育背景、社会生活以及经济发展中争取相对平等的权利,增加濒危语言、少数民族语言、土著语言、非官方语言以及方言母语者平等和优质就业的机会,以此推动可持续的经济增长。

5. 保护和促进语言多样性有助于加强社会融入、社会合作。保护语言多样性有助于减少不同母语者之间的性别与社会不平等现象,保障濒危语言、少数民族语言、土著语言、非官方语言以及方言母语者接受教育的权力,通过鼓励其参与促进文化多样性、濒危语言保护、非物质文化遗产保护的系列行动,例如口传文化、表演艺术、社会实践、宗教民俗和节庆活动等,增强弱势群体的社会融入程度和社会决策能力,以此创建更为和平、包容的社会,促进可持续发展。

共识二:保护和促进语言多样性需要国际社会各方面积极作为,切实有效参与其中,因此倡议:

6. 联合国教科文组织肩负着倡议、引领、促进、普及、保护世界语言多样性的重要职责。

(1) 应监测世界语言多样性现状,据此制定并落实与此相关的政策或措施;与持积极态度的政府和非政府组织、土著人民、公共和私人机构、社区和个人开展合作,支持相关合作者开展语言能力建设。

(2) 联合国教科文组织应当鼓励并指导各成员国、有关学术机构及企业开展濒危语言保护工作,积极与濒危语言,包括少数民族语言、土著语言和其他弱势语言的社区建立联系。

(3) 联合国教科文组织应当构建保护和促进语言多样性城市网络,探索将语言多样性作为可持续城市的重要标准之一。

(4) 联合国教科文组织应当支持、鼓励和宣传以政策为导向的研究,系统全面地解决语言公正问题,并将其作为可持续发展的重要组成部分。

7. 联合国和其他国际人权机构和机制有责任继续从保障人权的维度监测

语言权利行使状况。这包括人权条约机构和特别程序,例如:经济、社会和文化权利委员会、儿童权利委员会、文化权利问题特别报告员和土著人民权利问题特别报告员。

(1)应将保护和促进世界语言多样性纳入联合国相关发展议程中,确保其在构建人类命运共同体,促进全球范围内的平等、互鉴、理解、对话、包容,捍卫世界和平等方面发挥不可替代的重要作用。

(2)建议联合国大会宣布一项国际十年活动,名为"本土语言国际十年"。因为世界土著语言振兴需要各个国家、土著人民和其他方面的持续努力。

8. 国家和政府在保护和促进本国语言多样性方面应发挥主导作用,鼓励各成员国制定健全的语言政策和语言资源管理运营机制。

(1)应根据本国语言国情制定科学规划,及时有效地开展本国的语言资源调查保护,并让相关语言群体参与到有关工作中来。

(2)应组织开展教育和文化活动弘扬语言文化多样性和多语主义,通过让语言社区参与计划实施和相关项目评估工作,培育社会大众的语言自信和语言保护传承意识。

(3)应将负责语言项目规划、实施和评估的语言政策制定机制与本国专业技术和方法传统紧密结合起来。

(4)鼓励在国家层面根据《保护和促进世界语言多样性岳麓宣言》和其他相关国际文件,制订行动计划,并鼓励相关方面参与其中。

9. 鼓励国家语言文字管理部门、学术界、非政府组织、公共和私人机构以及个人通过科研、媒体、课程、艺术、文化产品和信息通信技术等多种方式保护并促进语言多样性。

(1)鼓励所有相关方面,包括国家语言文字管理部门、学术界、非政府组织、公共组织、私人组织和个人,认识并进一步提高对"语保人/语言达人/语言推广大使"等称谓的认识。无论他们是社区、组织、机构或是个人,他们都在通过科学研究、媒体、课程开发、艺术、文化生产和信息通信技术等手段,为保护和促进语言多样性努力。

(2)支持社会大众,尤其是青少年,包括他们中的社会边缘化群体,开展语言保护、振兴和传承的教育活动和文化活动。

（3）鼓励在世界范围内成立以保护国家和世界语言多样性为目标的青年联盟或青年组织，通过举办青年论坛、会议研讨和志愿者活动等方式，加强语言资源人才建设。

（4）鼓励城市积极促进当地语言多样性，并将其转化为知识或生产力，实现在全球化背景下保护和促进语言多样性的目标。

（5）保护与促进语言多样性的国际标准文件应能明显缩小现有规范标准与近年来积极开展的各项语言保护行动之间的差距。

（6）建议制定一份新的国际规范标准文件，以契合目前各国及国际社会上多项积极主动的语言保护行动的需求。

（7）鼓励各国政府、私人机构、非政府组织、学术界和其他相关者，为保护和促进土著语言及其他濒危语言提供资金资助和相关资源。

（8）学术机构和土著组织是帮助鉴定并提供资源的关键。应积极设立语言资源保护项目，共享由高校、语言学家调查采集而得的语言数据，以减少土著语言的流失。同时，土著社区可以为这些方案的具体实施提供宝贵意见，并提供更多口语流利的发音人。

（9）"2019 国际本土语言年"是一个向多元文化世界发起全球性号召的重要时间节点。应建立专家培训方案，培训有资质的专家，通过鼓励专家进入公共组织、私人机构或民间社团工作，促进文化可持续发展。

（10）积极汇聚语言振兴的经验和方法，将有助于国际社会和各国家践行上述各项倡议。联合国教科文组织、联合国土著问题常设论坛秘书处应能够引领这项工作的开展。

共识三：保护和促进语言多样性应当与科技发展相结合，因此倡议：

10. 语言是一种宝贵的、不可再生的社会文化资源。应重视利用科技进步来推动各语言及其文化之间的交流合作，促进文明交流互鉴。

11. 建议制定语言资源保护的国际标准，包括语言资源调查、整理、加工、保存的技术标准，也包括在全世界范围内共建、共享、共同开发利用语言资源大数据的标准。这需要国际标准化组织（如 ISO）和从事语言资源保护的专业部门（如大学和科研机构）、专家以及其他利益相关者共同制定并执行。

12. 成员国应制订科学稳妥的政策，采取积极有效的措施，让科技发展惠及各语言使用者,使之平等地拥有接受教育和传承文化的权利,享受科技产品的服务和便利。

13. 成员国、公共组织、学术界、非政府组织和民间团体、联合国实体和相关机构、私人机构、语言使用者和其他相关人士,应与土著人民和其他语言团体合作,在全球信息网络环境中促进语言多样性,营造多语言使用及多语言自由转换的互联网空间。

14. 成员国、公共组织、学术界、非政府组织和民间团体、联合国实体和相关机构、私人机构和其他相关人士,应与土著人民和其他语言团体合作,通过人工智能、信息通讯等技术推动语言文化的创造性转化、创新性发展和有效传播,寻求濒危语言、少数民族语言、土著语言、非官方语言以及方言保护传承的新途径。同时,应认识到语言是人工智能的重要资源之一,人工智能的发展也离不开语言资源。

15. 成员国、公共组织、学术界、非政府组织和民间团体、联合国实体和相关机构、私人机构和其他相关人士,应与土著人民和其他语言团体合作,积极研发语言数据采集分析工具,以及多模态语料转写标注、文化展示互动的先进工具;利用语音识别、机器翻译技术提高语言教育和语言学习的效率。

16. 鼓励联合国实体、政府间组织、国家、政府和非政府组织、公共和私人机构、土著人民和社区以及来自全球、国家到地方各个层级与语言多样性工作相关的个人,关注语言多样性相关措施并付诸实施。

17. 参与建设新型"世界语言地图"项目,与中国以及其他国家的语言研究机构、相关高校合作,建立专家工作组或合作伙伴关系,鼓励其在联合国教科文组织"世界语言地图"的框架下,参与或支持本国家或本地区语言地图的建设。

18. 成员国、私人机构、学术界和其他相关人士,应与土著人民和其他语言社区合作,为语言振兴、语言复活和语言维持而加强国家基础设施建设,包括建设语言振兴机构、语言委员会、语言博物馆或语言典藏和数字化的实体机构。

19. 博物馆是保存、保护、展示、共享语言资源的最佳载体之一。鼓励国际组织、政府,公共组织或非政府组织、土著人民、私人机构,社区或个人积极建设语言博物馆,特别鼓励建设与语言社区紧密结合的生态博物馆或语言文化体验区。信息、记忆、档案和文化组织(如博物馆),无论是实体的还是虚拟的,都将对保护和促进语言多样性发挥积极作用。

20. 鼓励成员国通过项目合作、学术交流等方式共享语言资源保护的规范标准、技术工具和前沿理念;包括开源免费的资源。特别是应当促进国家和地方上的语言调查、保护、传承、发展。鼓励从事保护和促进语言多样性工作的研究机构、专家赴各国、各地区开展项目合作和学术交流。

致 谢

感谢联合国教科文组织和中华人民共和国政府于 2018 年 9 月 19—21 日在中华人民共和国湖南省长沙市成功举办世界语言资源保护大会。

第七十三届联合国大会第 346 号(LXXIII)决议

(2019 年 9 月 16 日)

使用多种语文

大会,

确认使用多种语文是本组织的核心价值,有助于实现《联合国宪章》第一条规定的联合国目标,

铭记使用多种语言是多边外交的促进因素,有助于弘扬联合国的价值观,并增强我们的人民对《宪章》所载宗旨和原则的信念,

确认联合国力求使用多种语文,以此在全球促进、保护和保存语文和文化的多样性,并提高本组织的效率、业绩和透明度,

又确认使用多种语文有助于在多样性中求统一,增进国际了解、容忍和对话,并确认能够用世界人民自己的语言,包括以残疾人可以采用的形式,与他们进行沟通非常重要,为此促进联合国行动的主导权和可持续性,

强调指出必须严格遵守为联合国不同机构和机关规定语文安排的各项决议和规则,

回顾阿拉伯文、中文、英文、法文、俄文和西班牙文是大会包括其各委员会和小组委员会的正式语文和工作语文,也是安全理事会的正式语文和工作语文,阿拉伯文、中文、英文、法文、俄文和西班牙文是经济及社会理事会的正式语文,而英文、法文和西班牙文是其工作语文,英文和法文是秘书处的工作语文,

强调在联合国的活动中使用多种语文的重要性,

确认使用多种语文通过联合国各部厅的工作对推动国际和平与安全、发展和人权具有促进作用,

重申大会题为《变革我们的世界:2030年可持续发展议程》的2015年9月25日第70/1号决议,并重申大会坚定不移地致力于实现《2030年议程》,并以此为契机,到2030年把我们的世界变得更加美好,

回顾其通过《在民族或族裔、宗教和语言上属于少数群体的人的权利宣言》的1992年12月18日第47/135号决议,以及《公民权利和政治权利国际公约》,特别是其中关于在族裔、宗教或语言上属于少数群体的人的权利的第二十七条,

又回顾,鉴于需要保护、振兴和促进土著语言,大会2016年12月19日第71/178号决议将2019年定为土著语言国际年,

还回顾联合国教育、科学及文化组织大会于1999年11月17日决定,应宣布2月21日为国际母语日,

回顾其1946年2月1日第2(I)号、1968年12月21日第2480 B(XXIII)号、1987年12月11日第42/207 C号和1995年11月2日第50/11号决议及其他与使用多种语文有关的后续决议,包括2017年5月24日第71/288号、2017年9月11日第71/328号、2017年12月7日第72/90 A和B号、2017年12月19日第72/161号、2017年12月24日第72/254号、2018年7月13日第72/304号、2018年9月17日第72/313号、2018年12月7日第73/102 A和B号以及2018年12月22日第73/270号决议,

1. 表示注意到秘书长的报告;

一、普遍使用多种语文和秘书处的作用

2. 强调联合国六种正式语文地位平等至关重要;

3. 着重指出必须充分执行为联合国正式语文和秘书处工作语文规定语文安排的所有决议;

4. 又着重指出秘书处有责任在现有资源范围内在其各项活动中平等使用多种语文;

5. 注意到以相关正式语文提供联合国文件仅限于秘书处活动的某些领域,因此邀请秘书长按照相关细则和条例采取适当措施,在现有资源范围内执行使用多种语文的现行政策;

6. 请秘书处继续以会议主持人使用的联合国正式语文向主要机关主席及其附属机构主席提供说明;

7. 注意到很大比例的招标仅以英文发布,因此鼓励秘书处酌情利用现行的使用多种语文政策,为当地供应商参与联合国采购招标程序提供便利;

8. 又注意到以三种正式语文出版的《采购手册》正在更新,鼓励秘书处确保在适当时限内将更新内容纳入该手册的各语文版本;

9. 回顾秘书长有权按照大会1999年12月6日第54/64号决议首次提出的要求,任命一名秘书处高级官员担任未来的使用多种语文问题协调员;

10. 赞赏地回顾秘书长已任命使用多种语文问题协调员,负责在全秘书处全面落实使用多种语文,促请秘书处各部厅全力支持协调员落实关于使用多种语文的相关任务规定,并请秘书长在下一次关于使用多种语文问题的报告中汇报这方面的情况;

11. 回顾其认可秘书长关于使用多种语文问题的报告(A/71/757)中所提出的使用多种语文问题协调员的职权范围;

12. 欢迎指定使用多种语文问题协调员为联合国系统行政首长协调理事会一级的使用多种语文牵头实体,并欢迎协调员和行政首长协调理事会秘书处共同努力,在协调理事会各成员组织之间采取更加协调一致的使用多种语文办法,分享关于采用创新办法应对共同挑战的信息;

13. 又欢迎继续发展协调人网络,协助使用多种语文问题协调员在秘书处

所有相关部厅有效和持续地执行有关决议;

14. 还欢迎继续制定一项全秘书处统一的使用多种语文政策框架,以支持在联合国系统内对使用多种语文问题采取全面、协调的办法,同时考虑到联合检查组关于使用多种语文的报告所载的有关建议,并请秘书长向大会第七十五届会议报告所取得的进展;

15. 注意到秘书处各实体表示,由于缺乏按语文分类的数据等原因,在为秘书长的报告汇编准确和全面数据时遇到各种困难,并欢迎使用多种语文问题协调员努力解决秘书处各实体存在的这一问题;

16. 欢迎使用多种语文问题协调员努力鼓励秘书处各实体推动为每个联合国正式语文的专门语文日举办庆祝活动,以宣传和进一步认识每个语文的历史、文化和使用情况,鼓励秘书长用六种正式语文提供关于每个语文日的文函,并以不增加费用的方式进一步加强这种办法,在必要时通过伙伴组织包括会员国和联合国教育、科学及文化组织等机构的参与,还鼓励秘书长考虑把这一重要举措扩大到世界各地使用的其他非正式语文;

17. 赞赏地欢迎在2018年设立一个联合国秘书长奖的新奖项,以表彰工作人员或团队在促进联合国使用多种语文方面的最佳做法和创新办法;

18. 欢迎各国际组织以共同语文为基础,在使用多种语文方面努力加强与联合国的合作;

19. 又欢迎联合国教育、科学及文化组织、会员国、联合国系统各实体、其他国际组织和所有其他参与机构开展活动,促进尊重、弘扬和保护所有语文(尤其是濒危语文)、语言多样性和使用多种语文;

20. 重申语言多样性是文化多样性的重要元素,强调指出充分和有效执行2007年3月18日生效的《保护和促进文化表现形式多样性公约》的重要性,并回顾2003年10月15日《关于促进和使用多种语文和普及进入网络空间的建议》;

二、全球传播部在使用多种语文方面的作用

21. 重申秘书处全球传播部的首要任务是通过其外联活动,向公众提供关于联合国任务和责任的准确、公正、全面、均衡、及时、相关的多种语文信息,以最透明的方式加强国际上对联合国活动的支持；

22. 请秘书长确保全面执行在使用多种语文方面与信息和通信有关的现有任务，并在这方面鼓励秘书处探索新的信息和通信技术所提供的机会；

23. 又请秘书长确保全球传播部作出的任何决定，包括因预算的限制或削减作出的决定，均不损害使用多种语文的原则；

24. 强调必须在全球传播部的所有活动中使用联合国所有正式语文，确保对各正式语文完全一视同仁，以消除英文与其他五种正式语文在使用上的不平等，在这方面重申请秘书长确保该部在所有正式语文方面具有开展其所有活动所必需的人员配置；

25. 又强调全球传播部在为国际和平与安全、发展和人人享有人权赢得支持方面的作用，以及使用多种语文对于实现这些目标的贡献；

26. 欢迎全球传播部不断努力在其所有活动中加强使用多种语文，并强调指出必须确保通过联合国网站提供联合国所有新公开文件的所有六种正式语文文本、宣传资料和所有联合国旧文件，供会员国及时取用；

27. 鼓励全球传播部继续按照目标受众的需要，酌情使用正式语文以外的其他语文，以便尽可能向最广大的民众传播信息，并将联合国信息传播到世界每一角落，从而加强国际社会对本组织活动的支持；

28. 欢迎联合国新闻中心网络，包括联合国区域新闻中心，为发布联合国新闻材料并将重要文件翻译成联合国正式语文以外的其他语文所做的工作；鼓励各新闻中心继续在其互动性和主动性工作中开展重要的多种语文活动，并用当地语文制作网页，并鼓励全球传播部提供必要的资源和技术设施，以期面向尽可能广大的受众，把联合国的讯息传播到全世界每个角落，从而增强国际社会对本组织活动的支持；鼓励在这方面继续努力；

29. 强调联合国新闻中心网络在以下方面的重要性：提升联合国的公共形象。向当地民众特别是向发展中国家民众传播关于联合国的讯息，同时考虑到以当地语文传播信息对当地民众影响最大，在地方一级动员支持联合国工作；

30. 欢迎做出持续努力，使用正式和非正式语文以及传统传播方式在全球传播信息，在这方面表示特别赞赏联合国电台目前以六种正式语文和非正式

语文开展的工作;

31. 请秘书长考虑到联合国总部的导览具有创收性质,继续努力确保始终提供联合国所有六种正式语文的导览服务;

32. 欢迎秘书长关于还在联合国总部提供非正式语文导游服务的倡议;

33. 感兴趣地注意到秘书处通过采取不增加费用的举措,编制正式和非正式语文出版物,增加翻译出版物的数量,鼓励联合国图书馆采取多语文采购政策,并请秘书处继续采取这些举措;

34. 欢迎建成可提供多语文内容的联合国数字图书馆,并鼓励联合国各图书馆继续考虑到在各自活动中使用多种语文的重要性;

35. 赞赏地注意到全球传播部努力在地方一级与联合国系统其他组织和机构协作,加强传播活动的协调,并敦促该部鼓励联合国传播组在自身工作中促进语文多样性;

36. 回顾其第 73/102 B 号决议第 71 段,并鼓励全球传播部优先制订合作安排,以不增加费用的方式实现联合国视听档案的数字化,同时保留它们的多语文特点;

37. 欢迎全球传播部与各大学建立无偿笔译服务伙伴关系,并请秘书长增加这种伙伴关系的数量;

38. 请秘书长继续全力确保秘书处出版物和其他信息服务,包括联合国网站、社交媒体平台和联合国新闻服务处,以所有正式语文提供与联合国当前所关切问题有关的全面、均衡、客观和公平的信息,并保持编辑独立性、公正性和准确性,完全遵守大会的决议和决定;

三、网站、社交媒体和其他网基传播工具

39. 重申联合国网站是会员国、媒体、非政府组织、教育机构和公众的重要工具;

40. 又重申必须在所有联合国网站上实现六种正式语文的完全同等使用,在这方面欢迎秘书长继续努力对联合国网站进行全面审查,包括审查各正式语文之间的内容差异,并赞赏地注意到秘书长关于使用多种语文的报告中提议的创新构想、潜在协同增效办法和其他不增加费用的措施,以实现六种正式语文

的完全同等使用,请秘书长向大会第七十五届会议提交这一审查的最新版本;

41. 欢迎秘书长继续努力对联合国网站进行全面审查,介绍非正式语文内容情况,并赞赏地注意到秘书长关于使用多种语文的报告中提议的创新构想、潜在协同增效办法和其他不增加费用的措施,以便酌情加大力度,以多种语文更广泛开发和充实联合国网站,请秘书长向大会第七十五届会议提交这一审查的最新版本;

42. 回顾大会第71/328号决议第35段,关切地注意到秘书处维持的网站上英文和非英文的使用不平等,敦促秘书长率领秘书处各部厅努力采取实际行动解决此类不均衡情况,为此促请所有利益攸关方,包括全球传播部、提供内容的秘书处实体以及信息和通信技术厅,继续在各自任务范围内开展协作,以便在秘书处所有实体开发和维持的联合国所有网站上实现六种正式语文之间的完全平等,充分遵循使用多种语文的原则,遵守关于使用多种语文和残疾人无障碍问题的相关决议,为此在现有资源范围内做出一切努力,对目前仅有英文的材料进行翻译,并向各部厅提供符合平等原则的技术解决方案;

43. 敦促秘书长加大工作力度,在现有资源范围内平等使用所有联合国正式语文,发展、维持和充实多语种联合国网站和秘书长网页;

44. 再次请秘书长在确保网站和社交媒体提供最新和准确信息的同时,充分尊重六种正式语文的需要和各自特点,在所有六种正式语文之间公平分配全球传播部内部拨给联合国网站和社交媒体的资金和人力资源;

45. 鼓励继续对配有口译服务的大会和经济及社会理事会及其各自的附属机构的公开会议以及安全理事会的公开会议提供网上直播;请秘书处尽一切努力,严格遵守联合国六种正式语文完全平等的原则,提供完整查阅配有口译服务的联合国以往所有公开正式会议存档录像的机会,促进本组织的透明度和问责制;在这方面请秘书处全球传播部、信息和通信技术厅以及大会和会议管理部以不增加费用的方式,协作探索具有成本效益的技术备选办法,以确保在联合国网站上以所有正式语文平等推出完整、可搜索、方便用户的网播档案;请秘书长在提交大会第七十五届会议的下一次关于使用多种语文的报告中汇报这一协作的成果;

46. 关切地注意到在以多种语文发展和充实联合国网站和社交媒体账户

的工作中，若干语文的改进速度大大低于预期，为此请全球传播部与提供网站内容的部门协调，推动开展旨在实现联合国网站上六种正式语文充分平等的行动，特别是加快填补一些科室的空缺员额；

47. 表示注意到秘书长报告第三 B 节，请秘书长继续开展这方面持续进行的工作，并敦促秘书处提供网站内容的所有部门加大工作力度，在现有资源范围内，以最实际、最有效和成本效益最高的方式将联合国网站上的所有英文材料和数据库翻译成所有正式语文；

48. 请全球传播部与信息和通信技术厅合作，继续努力确保技术基础设施和辅助应用程序充分支持拉丁、非拉丁和双向书写文字，以加强联合国网站上所有正式语文的平等使用；

49. 确认 un.org 网域的语文着陆页是使联合国网站得以使用多种语文的一种解决办法，并鼓励秘书长继续探索创新解决办法，以不增加费用的方式增强秘书处网站使用多语文的能力；

50. 欢迎秘书长在 un.org（联合国官方网站）发布的一些任命通知中提到高级领导层成员的语文技能，并鼓励秘书长在被任命人提出请求时将其语文技能列入通知；

51. 又欢迎全球传播部为提高以正式和非正式语文提供的网页数量与学术机构达成的合作安排，请秘书长铭记恪守联合国标准和准则的必要性，与提供网站内容的部门协调，以成本效益高的方式将这些合作安排扩大到联合国所有正式语文；

52. 着重指出采用社交网络等新通信工具必须顾及语文层面，以确保本组织所有正式语文的充分平等使用；

53. 承认社交媒体对于尽可能广泛地接触受众具有日益重要的作用，因此欢迎联合国官方社交媒体的各语种账户越来越为大众所喜闻乐见，并鼓励全球传播部继续在现有资源范围内，通过以联合国六种正式语文并酌情以更多的非正式语文及时提供关于本组织工作和优先事项的最新信息，扩大该部在各种传播渠道的多语种存在；

54. 敦促秘书处使用其两种工作语文不断更新 iSeek，继续努力在所有工作地点采用 iSeek，并制订和执行不会增加费用的措施，使会员国能够安全地获得目前只能通过秘书处内联网得到的信息；

四、文件和会议服务

55. 再次请秘书长优先完成将联合国所有重要旧文件以所有六种正式语文上传到联合国网站的任务，从而使会员国也可通过这个途径查阅这些档案；

56. 请秘书长继续在会议管理工作中，通过提供文件服务和会议与出版服务，包括提供高质量的笔译和口译服务，确保各政府间机关中的会员国代表和联合国专家机构的成员平等地使用联合国所有正式语文，有效地用多种语文进行沟通；

57. 鼓励大会和会议管理部在现有资源范围内并根据请求，制定关于翻译外包和质量标准的政策指导文件，供秘书处相关部厅使用；

58. 注意到 eLUNa 等创新翻译技术的使用有助于提高人工翻译的效率和一致性，并鼓励秘书处在现有资源范围内探索其他技术，供联合国各实体在有适当质量控制的前提下使用；

59. 着重指出所有酌情借力技术的举措，包括试行举措，都应符合本组织各正式语文平等原则，以保持和提高秘书处所提供服务的质量和范围，并鼓励秘书长继续开展这些努力，以此对实现使用多种语文的目标作出实际贡献；

60. 再次关切地请秘书长确保依照大会 2000 年 12 月 23 日第 55/222 号决议第三节第 5 段，在以印本分发会议文件以及在正式文件系统和联合国网站张贴会议文件方面，严格遵守以所有六种正式语文同时分发文件的规定；

61. 重申应全面执行和遵守大会议事规则第 55 条，该条规定在大会届会期间，《联合国日刊》应在现有资源范围内以大会使用的语文印发；

62. 着重指出有关工作方法演变的所有举措包括试行举措，都应遵守本组织正式语文平等的原则，以保持或提高秘书处的服务质量和范围；

五、人力资源管理和工作人员培训

63. 回顾其 2016 年 12 月 23 日第 71/263 号决议，特别是其中第 10 段，其中重申需要尊重秘书处两种工作语文的平等地位，重申按照规定在特定工作地点增用其他工作语文的做法，为此请秘书长确保在空缺通知中具体说明需要秘书处两种工作语文中的任何一种，除非有关员额的工作需要某种特定的工作语文；

64. 注意到2017年在Inspira上发布的职位空缺通知中的语文要求在各种正式语文之间存在显著差异，在这方面欢迎制定关于下一个两年期职位空缺通知中语文要求的准则，并请秘书长向大会第七十五届会议报告通过执行该准则所取得的进展；

65. 满意地注意到秘书处愿意鼓励工作人员在提供口译服务的会议上，使用六种正式语文中他们所掌握的任何一种语文；

66. 鼓励联合国工作人员继续积极利用现有培训设施，掌握一种或多种联合国正式语文，并提高其熟练程度；

67. 欢迎秘书长邀请秘书处所有实体建立一份工作人员语文能力盘存表，同时以最佳方式使用现有语文数据库，如第71/328号决议着重指出的那样，并鼓励秘书处管理战略、政策和合规部人力资源厅协同秘书处业务支助部人力资源事务司，与多种语文问题协调员协作领导这些努力；

68. 请秘书长继续努力确保向所有工作人员平等提供六种正式语文的培训机会；

69. 回顾其第71/263号决议第二节第11段，其中确认在外地联合国有必要与当地民众进行交流互动，语文技能是人员甄选和培训工作的一个重要因素，因此确认在进行这些工作时，应将熟练掌握所在国官方语文作为一项额外优势加以考虑；

70. 又回顾2014年4月9日关于流动框架的第68/265号决议，请秘书长考虑到适用的语言技能，同时确保充分遵守《联合国宪章》第一百零一条的规定；

71. 欢迎秘书长在其与高级管理人员，包括外地高级管理人员订立的所有契约中列入有关使用多种语文的管理指标，要求在所有工作计划以及适用的特派任务计划和预算中纳入使用多种语文和(或)语文考虑因素，并要求各文件编写实体及时提交所有大会文件并遵守字数限制，以进行多种语文处理，请秘书长就此向大会第七十五届会议提交报告；

72. 强调指出应继续严格按照《宪章》第一百零一条并根据大会各项决议的相关规定雇用工作人员；

73. 关切地注意到一些由人力资源厅编写的征聘手册只有英文版,鼓励秘书长确保即将进行的审查和更新,特别是对申请人手册的审查和更新,将同时以各工作语文出版;

74. 请秘书长确保遵守联合国工作人员应有能力使用秘书处一种工作语文的要求,并鼓励秘书长进一步执行第 2480 B(XXIII)号决议;

75. 强调指出专业及以上职类工作人员的晋升应严格按照《宪章》第一百零一条进行,并须符合第 2480 B(XXIII)号决议的规定和 2001 年 6 月 14 日第 55/258 号决议的相关规定;

76. 欢迎使用多种语文问题协调员在审查工作人员甄选的语文技能评估办法方面向管理战略、政策和合规部人力资源厅和业务支助部人力资源事务司提供支持,并请秘书长在大会第七十五届会议期间报告在这方面取得的进展;

77. 请秘书长采取适当措施,在为雇用联合国工作人员组成面试小组时考虑到空缺通知中提到的特定语言要求,注意到在组成其成员通晓另一种语文的面试小组方面存在困难,并在这方面请秘书长考虑在中期内解决这一问题的可能性;

78. 欢迎正在进行的协调统一工作,以制定一个《联合国语文框架》,确保(a) 整个秘书处和(b) 联合国所有六种正式语文的语文学习、教学和评估更加一致,并请秘书长在大会第七十五届会议期间报告这方面的进展情况;

79. 确认语文和交流方案协同秘书处其他实体对在联合国内部促进使用多种语文作出主要贡献,为总部和外地的语文需求提供支持,请秘书长确保全面执行现有的语文培训任务,继续提供适应联合国需要的服务,并请秘书长向大会第七十五届会议进一步提供这方面的情况;

六、语文事务工作人员

80. 回顾其 2011 年 12 月 24 日第 66/233 号决议,尤其是其中第三节第 7 段,再次请秘书长确保对各语文服务部门一视同仁,向其提供同等有利的工作条件和资源,以便在充分尊重六种正式语文各自特点的情况下,尽可能提高语文服务质量,在这方面回顾 1999 年 12 月 23 日第 54/248 号决议 D 节第

11段；

81. 承认秘书长根据大会各项决议为解决替换退休的语文事务工作人员问题所采取的措施，请秘书长保持并加强这些努力，包括加强与语言专家培训机构的合作，以便满足联合国对六种正式语文的需求；

七、在联合国三大支柱内使用多种语文

82. 确认使用多种语文对联合国的三大支柱（即和平与安全、发展和人权）作出贡献；

83. 注意到秘书长在提供有关执行《2030年可持续发展议程》的多语种信息、技术援助和培训材料方面的工作，并鼓励秘书长在这方面继续努力；

84. 强调指出尽可能以受惠国当地语文提供联合国信息、技术援助和培训材料的重要性，包括通过联合国当地网站予以提供；

85. 表示注意到和平行动问题高级别独立小组的报告所载与使用多种语文有关的建议、秘书长此后的报告以及审查建设和平架构专家咨询小组的报告；

86. 回顾其第72/304号决议，其中核可维持和平行动特别委员会的提案、建议和结论；

87. 表示注意到秘书长报告所述与外地行动有关的持续举措，请秘书长继续他在这方面正在进行的努力，并在不妨碍《宪章》第一百零一条的前提下回顾大会2012年9月17日第66/297号决议；

88. 敦促秘书处在现有资源范围内把所有维持和平培训文件翻译成联合国六种正式语文，促使并方便所有会员国，特别是部队派遣国和警察派遣国，以及其他有关机构都能使用这些文件；

89. 请秘书长向大会第七十五届会议提交一份全面报告，说明如何充分执行大会关于使用多种语文的决议；

90. 决定将题为"使用多种语文"的项目列入大会第七十五届会议临时议程。

联合国妇女署政策文件

（2020 年 2 月 24 日）

中文性别包容性语言指南

一、导言

使用性别包容性语言，意味着语言和文字表达方式不对某个性别、社会性别或性别认同构成歧视，也不固化性别陈规定型观念。鉴于语言在塑造文化和社会态度方面发挥关键作用，使用性别包容性语言是促进性别平等和打击性别偏见的一个有力手段。

《性别包容性语言指南》中提出了若干建议，旨在帮助联合国工作人员在任何类型的中文交流中都使用性别包容性语言，无论这种交流是口头还是书面，是正式还是非正式，是针对内部受众还是外部受众。

根据本组织使用多种语文的核心价值观，《性别包容性语言指南》的构思和编写以联合国六种正式语文进行，是符合联合国各正式语文平等原则的各语文有一定自主性的项目。同时，《指南》反映了每种语文的特殊性和独特性，提出了量身定制的对策，切合工作人员工作的语言环境，无论是阿拉伯文、中文、英文、法文、俄文还是西班牙文。

我们还就如何以六种正式语文实际应用这些指南编写了一整套培训资料和课程，这些资料和课程将在一个专门的网站上发布。

这些资源都是由大会和会议管理部、管理战略部（原管理事务部）、全球传播部（原新闻部）和妇女署组成的机构间工作组在"在多语言环境下支持性别平等"项目框架内开发的，该项目旨在支持"联合国全系统性别均等战略"的目标，即"营造一个支持平等、消除偏见、包容所有工作人员的工作环境"。

二、中文里的性别

就语言本身而言，中文不存在"语法性别"，是一种相对中性的语言。换言之，中文的名词、形容词、动词、副词都没有阴性、阳性、中性之分。

性别差异在中文里的表现主要体现在"生理性别"(sex)和"社会性别"(social gender)方面。生理性别反映了与生俱来的生理差异。比如,在中文里,第三人称代词有"他"、"她"之分。其中,"他"通常指向男性(或为未表明性别信息时的默认选项),而"她"则通常指向女性,两者在口语表达中发音相同,区别往往只在书面表达中才能区分。社会性别则以生理性别为基础,在社会文化建构下逐渐发展形成,体现为不同性别所特有的群体特征和行为方式,或人们对不同性别群体所持有的观念和看法。在中文里,当谈及一位女性大使或法官时,尽管性别也许并不是必要信息,但人们会习惯称之为"女大使"、"女法官"。这在某种程度上反映了大使和法官等职业传统上多由男性担任的社会现象。

随着女性的社会参与度和重要性日益提高,中文也在与时俱进。使中文更具性别包容性的工作包括消除对妇女的偏见和歧视,避免使用带有性别定型观念的表述,并以更积极的方式提高妇女的可见度。

三、最佳做法/策略

在口头或书面使用中文时,可以采取若干策略来实现性别包容:

使用非歧视性语言;

根据沟通需要,可以表明被指称对象的性别;

如不需要,不要强调被指称对象的性别。

在决定使用何种策略时,联合国工作人员应:

考虑文本/口头交流的类型、上下文、受众和交流目的;

确保文本可读性强,文本/口头交流清晰、流畅、简洁;

力求在整个文本/口头交流中将不同策略结合起来使用。

中文作为一门活语言,在不断发展演化,因此,本文件载列的策略应不时加以修订和更新,以反映中文可能发生的变化和出现的新用法。

1. 使用非歧视性语言

1.1 称呼方式

在提及或称呼具体个人时,采用与其社会性别身份相符的称呼方式和代词。

如果你要找联合国工作人员的称呼方式,就可以查阅内联网、组织名录或工作人员名录。如果该工作人员的称呼显示为"Ms.",则应当使用"女士"的称呼和女性代词指称此人。如果条件允许,你可以询问你要指称或致函的人应该用什么代词和称谓称呼他们。

起草待翻译文本的联合国工作人员请注意:如果你是待翻译文本的作者,而你的文本具体提到某人,请告诉翻译人员此人的性别,以便在翻译中使用适当语言。这对阿拉伯文、法文、俄文和西班牙文等语文至关重要。

职称和称谓

中文提及职称时不涉及性别。例如,"主席"一词既可指"男主席",也可指"女主席"。如为提高女性的可见度,可在称谓前添加表明女性的限定词。例如,"女维和人员的人数继续增加"。

1.2 避免使用暗示某个性别优于或不如另一性别的表述

歧视性说法举例:

　　男人婆

　　娘娘腔

　　女人干的活儿

　　婆婆妈妈

　　头发长,见识短

　　男主外女主内

1.3 避免带有性别偏见或加深性别定型观念的表述

包容性弱	包容性强
女强人	成功女性/事业有成的女性
妇孺皆知	众所周知
寡妇	丧偶妇女
男人帮忙做家务	男人做家务
欢迎携夫人出席晚宴	欢迎携配偶/伴侣出席晚宴

对女性的称谓

出于对女性的尊敬和尊重女性隐私目的,应尽可能使用"女士"来称呼女性,避免使用姑娘、小姐、夫人、太太等可能暗示女性年龄、身份、婚姻状态的词语。

提示:

如何判断是否为歧视性语言?转换性别:将句中的男性改为女性或女性改为男性是否会改变句子含义?是否会让表述变得奇怪?例如,"女强人"如果换成"男强人"听起来就很奇怪。"这个男人是妻管严"的说法既是对男子的嘲笑,也暗示家庭关系中男尊女卑才应该是常态的心理成见。如果把这句话中与性别有关的词调转过来,是不是很奇怪?

2. 根据沟通需要,可以表明被指称对象的性别

2.1 使用指代女性或男性的词

如在沟通中需要表达性别信息,则可使用相应的人称代词或添加"男"、"女"等。

包容性弱	包容性强
每个儿童都有权获得平等的教育机会	无论女童或男童,都有权获得平等的教育机会

3. 如不需要,不要强调被指称对象的性别

3.1 使用性别中性代词

避免使用区分性别的所有格(如"他的"、"她的"、"他们的"、"她们的")。使用"其"、"此"、"该"等性别中性代词。

包容性弱	包容性强
副主席在任职资格上与主席相同,他的职责是……	副主席在任职资格上与主席相同,其职责是……
每位教授都应派他的助手参加会议	每位教授都应派(其)助手参加会议

在工作场所(如电邮、短信、信函、正式记录)中使用性别中性词语,如"各位(同事或同仁)"、"诸位"等。在中文口语中也可使用"在场的各位(观众或嘉宾)"(括号中的内容视场合决定)等。

3.2 重复相关名词

如需指代前文提及人员时,可重复此人的姓名、职称或所属组织等相关名词,而非使用人称代词"他"、"她"、"他们"或"她们"。

包容性弱	包容性强
他的代表团支持这份修正案。	意大利(重复该国国名)代表团支持这份修正案。
法庭法官由选举产生。他应该品德高尚,符合专业资质要求。	法庭法官由选举产生。法官应该品德高尚,符合专业资质要求。

世界知识产权组织政策文件

(2021 年)

中文包容性语言指南

前 言

语言是社会的反映,也是传达社会价值观的工具。表达价值观的语言随着价值观的发展变化而不断变化。时至今日,围绕语言如何适应社会诸多层面已经发生并将继续发生的变化,以及如何适应所有成员不断提高的权利意识和需求,仍在进行激烈辩论。

2015 年 10 月 21 日,联合国大会通过了关于《变革我们的世界:2030 年可持续发展议程》的第 70/1 号决议。该决议是 17 个可持续发展目标的基础,这些目标是 2030 年前世界各地发展的路标。在该决议中,"包容"一词出现了 40 次。实现包容性社会的众多工具之一是语言,因为与社会各层面发展背后的理念同样重要的是表达和传播这些理念的方式。

社会上众多不同群体的权利都体现在一系列联合国人权公约中,其中包括联合国大会通过的《消除对妇女一切形式歧视公约》(1979)、《残疾人权利公约》(2006)、《消除一切形式种族歧视国际公约》(1965)和《保护所有移徙工人及其家庭成员权利国际公约》(1990)。这些公约和其他多部此类文书的共同点,是维护所有人获得平等和公平待遇的权利,使世界变得更加美好。

以权利为基础的方法是联合国系统工作的核心,而世界知识产权组织(产权组织)是联合国系统的专门机构之一。产权组织特别注重确保所有人都有权享受人类智力活动的成果。这一点在2013年通过的《关于为盲人、视力障碍者或其他印刷品阅读障碍者获得已出版作品提供便利的马拉喀什条约》中也得到强调。产权组织促进实现上述目标的另一个务实的方法,是通过正式文件和出版物,以尽可能包容的方式表达观点。

正是出于上述考虑,我们制定了以下指南。这些指南是提高认识的简明工具,清楚而直截了当地说明了如何以符合产权组织中期战略计划并确保我们"不会遗漏任何人"的方式撰写文件。

邓鸿森

总干事

导　言

在世界知识产权组织(产权组织),歧视的定义是:"基于种族、性别、宗教、国籍、民族、性取向、残疾、年龄、语言、社会出身或其他状态,对一个人的任何不公平对待、歧视性对待或武断的区别对待。"

本指南载有鼓励在产权组织文件和出版物中使用非歧视性语言的各种策略和提示,符合联合国关于平等和多元化的基本价值观。倡导使用包容性语言的目的是,避免使用某些词汇、术语、表达方式或语法结构,以免无意中或在其他情况下,将其解释为在某种程度上排斥某些个人或群体。

产权组织承认,不同国家、不同文化对包容性语言采取的方法各不相同,而且某些术语和表达方式未被普遍接受。本指南是以当前联合国系统内外的广泛做法为基础的。

本指南包括不同的主题单元,是一份不断完善的文件,将根据持续发展的现实情况,增加更多单元,并更新现有单元。

本指南针对特定语言情形,提出了一套建议采用的首选方法。指南并不具有规定性,因此应始终以常识和文本的清晰性为准。有意识地采用包容性语言,并不会导致文辞冗繁。通常情况下,对某些词汇和具体用语作出少量微调,即可使情况大为改观,不需要花费太多功夫。

本指南旨在用于撰写、翻译和修订产权组织制作的文件、出版物和任何其他印刷品,目的是在整个组织内统一做法。

第一单元　性别包容性语言

指导策略

在从性别平等的角度进行包容性写作时,必须考虑到文本的交流目标和文本的类型、上下文以及受众。这将决定哪些解决方案最能达到目的,以及优先考虑哪些策略。本指南提到了一些使语言更具包容性的技巧。将这些技巧结合使用,有助于产生可读性强、通顺清晰的文本。

为了使语言具有性别包容性,一般采用两种策略:

——**通过采用性别中立的表达方式,隐去性别**。在大多数情况下,性别与交际目标无关,事实上,突出性别反而会分散人们对文本目的的注意力。性别中立的语言不提及性别、性别认同或性取向。在行文中,使用性别中立的语言是首选策略,因为中立性包括所有人类,不作不必要的区分。

——**通过采用指明性别的表达方式,突出性别**。这种策略在推进性别平等的背景下可能是有用的,推进性别平等需要使用平等地代表女性和男性的语言。使用指明性别的语言有助于在一个代表性过度的群体(例如男性)和一个(或多个)代表性不足的群体(此处指女性)之间重新建立平衡。例如,在讨论差异、边缘化、包容或排斥的文本中,指明性别是有意义的,因为它强调了不同的群体可能受到不同的影响或经历不同的情况。

此外,语言可以使一个或多个群体的刻板印象永久化,将这些群体与具体的特征、能力、技能或行为绑定起来,而性别包容性语言避免了刻板印象和强化刻板印象的表达方式。

一、性别中立的语言

就中文而言,指代男性的"他"或"他们"是性别不明时的默认选项。这种默认容易引起误导,使读者认为某些群体不包括女性或者女性不具备某些技能。包容性语言要求在性别不明的情况下,尽量避免将"他(们)"作为默认选项。

在大多数情况下,性别与所交流的内容无关,这时应采用性别中立的表达方式,具体包括:

(一)根据上下文,用具体名词替换具有泛指意义的男性代词"他(们)"。

例如:

建议使用	避免使用
请通知**参会代表**发言时间不得超过五分钟。	请通知**他们**发言时间不得超过五分钟。
如果申请人指定了代理人,必须也注明代理人的电子邮件地址。**申请人**不能将代理人的电子邮件地址作为自己的电子邮件地址……	如果申请人指定了代理人,必须也注明代理人的电子邮件地址。**他们**不能将代理人的电子邮件地址作为自己的电子邮件地址……

(二)通过上下文可以确定语义时,可将具有泛指意义的男性代词"他(们)"省略。

例如:

建议使用	避免使用
如果现任主席任期结束,或者不能在任期内履行职责,则主席职位可被宣布为空缺。	如果现任主席任期结束,或者不能在**他的**任期内履行职责,则主席职位可被宣布为空缺。
当选主席应体现最高操守水准,在履行职责时,不应寻求或接受任何政府的指示。	当选主席应体现最高操守水准,在履行职责时,**他**不应寻求或接受任何政府的指示。

(三)有时为了语义连贯,省略的性别相关信息可以使用"其""该""此""这位""这些""那位""那些"等中性代词或指示代词来表示。

例如：

建议使用	避免使用
无法参加委员会此次会议的代表可就有关事宜向主席或副主席以书面、电话视频会议的形式陈述**其**观点。	无法参加委员会此次会议的代表可就有关事宜向主席或副主席以书面、电话或视频会议的形式陈述**他的**观点。
主席认为，××国代表的提案超出了本项议程的讨论范围，建议**该代表**和其他有关代表磋商，对提案加以修改。	主席认为，××国代表的提案超出了本项议程的讨论范围，建议**他**和其他有关代表磋商，对提案加以修改。
委员会对已表态的若干个成员的发言表示支持，认为**这些成员**提出的建议有助于在发展中国家推广产权组织的知识产权服务。	委员会对已表态的若干个成员的发言表示支持，认为**他们**提出的建议有助于在发展中国家推广产权组织的知识产权服务。

（四）在表示从属关系时，有时可以用"自己（的）""各自（的）""本人（的）""其"来代替"他（们）的"。

例如：

建议使用	避免使用
参会代表会后在维基论坛上发表了**各自**关于产权组织标准ST.26的实施计划。	参会代表会后在维基论坛上发表了**他们**关于产权组织标准ST.26的实施计划。
如果有一个以上的申请人，每个申请人均须注明**本人的**电子邮件地址。	如果有一个以上的申请人，每个申请人均须注明**他的**电子邮件地址。

（五）重新组织语言，避免用具有泛指意义的男性代词来指代所有人。

例如：

建议使用	避免使用
所有参会代表都对主席表示感谢，尤其感谢主席引导**大家**适当作出让步，最终使谈判取得符合**各自**预期的成果。	所有参会代表都对主席表示感谢，尤其感谢主席引导**他们**适当作出让步，最终使谈判取得符合**他们**预期的成果。

二、突出性别的用语

在某些情况下,突出性别是沟通目标之一。当普遍看法或先入为主的观念可能掩盖了任何一个性别的存在或行动时,这种技巧是有效的。

根据具体情况,突出某种性别有助于纠正不平衡,使那些很少被注意或完全不被注意的群体也能被包括在内。这种方法很重要,特别是当交流目标是支持性别平等和缩小差距时。产权组织为展示女发明人或管理职位上的性别均等所做的努力,就是使用指明性别的语言为交流目标服务的范例。

(一)成对使用

成对使用是主要技巧。它涉及将两个名词或代词并列使用,以代表一个以上的性别。

1. 用成对的代词代替表示男性的代词

例如:

建议使用	避免使用
这项工作需要雇聘一名知识产权专家。**他/她**必须拥有知识产权方面的硕士学位。	这项工作需要雇聘一名知识产权专家。**他**必须拥有知识产权方面的硕士学位。
所有申请人都必须提供电子邮件地址。**他(她)们的**电子邮件地址将成为默认的通信方式。	所有申请人都必须提供电子邮件地址。**他们的**电子邮件地址将成为默认的通信方式。

2. 用成对的形容词+名词结构,代替通用名词

例如:

建议使用	避免使用
回答调查问卷的**男性和女性发明人**对产权组织提供的服务表示较为满意。	回答调查问卷的**发明人**对产权组织提供的服务表示较为满意。
男女足球运动员都愿意试穿这种用新型合成材料制成的运动服。	**足球运动员**都愿意试穿这种用新型合成材料制成的运动服。

3.用成对的性别名词代替通用名词

例如：

建议使用	避免使用
所有符合条件的**男性和女性**都可以申请减免费用。	所有符合条件的**人**都可以申请减免费用。

不过，成对使用有时候会削弱可读性，尤其是在频繁使用的时候，因此这种策略应当与别的解决方案结合起来使用。

（二）职衔和称谓

对女性和男性的称谓应保持一致。男性的"先生"应与女性的"女士"（而不是"小姐"或"夫人"）相匹配，因为在大多数情况下，女性的婚姻状况是不相关的信息。由于中文的语法性别普遍缺失，关于职衔和称谓的名词通常没有性别，例如："主席""代表团团长""大使阁下""办事处主任""法律顾问"等。根据交流目标和交际需要，可以对有关职衔和称谓进行变通，表明性别，如："主席女士""办事处主任（女）"。此外，上下文中有男女共同出现的情况时，如果对其中之一的称谓是姓、名、职衔，则对另一方也应该如此。

在提及或称呼具体个人时，应使用与其性别认同相一致的称呼形式和代词。

三、避免刻板印象

职业和技能没有性别之分：正如全球数据所显示的那样，男女皆可从事任何职业，担任任何社会角色，拥有任何类型的技能。因此，重要的是要使用中立术语，以避免对职业或技能形成刻板印象。

虽然上述规则适用于大多数情况，但克服刻板印象有时可能需要明确指出，某些职业也可以由代表性不足的群体从事，某些技能或能力并非仅是传统上与之相关的群体的特征。将一个普通名词与带性别的形容词搭配，可能有助于扭转人们的看法，打破刻板印象。

例如："护士"这个职业传统上以女性为主，如果有位男护士，则可以强调"男护士"。同样，在以男性为主的"医生"行业里，如果有一位女医生，则可以强调"女医生"。类似的例子还有大使、法官、工人、警察、科学家、老师、幼师、律师、清洁工、售货员、司机、消防员等。

性取向、性别认同和性别表达

异性恋正统主义是一种以两种性别——男性和女性——为本位的观念，这种观念认为人的生理性别应与性取向保持一致，默认的性取向是异性恋。这种偏见有可能导致对二元异性恋正统主义之外的性取向和性别认同的污名化和边缘化。

在处理性取向、性别认同和性别表达时，应采用与上文所述同样的策略（"隐去性别"和"突出性别"）。当性取向、性别认同或性别表达与交际目标无关时——通常都是这样的情况——就不必强调。

当文本的目的是纠正代表性方面的失衡，打破刻板印象或促进包容时，则应使用与性取向、性别认同和性别表达有关的适当术语。通常情况下，应使用性别中立词汇代替异性恋相关术语和表达方式，有关词条参见附件。

例如：

建议使用	避免使用
敬请各位嘉宾携**配偶/伴侣**出席本次招待会。	敬请各位嘉宾携**夫人**出席本次招待会。

此外，在收集个人数据时——例如，在填写注册表时——至少应向用户提供三个选项（女、男、其他）。根据注册表的内容和目的，有时还可以增加第四个选项（"不愿透露"）。这样有助于提高包容性。

附件

性取向：一个人对其他人怀有深刻的爱恋、情感和/或生理感受的持久能力。包括异性恋、同性恋、双性恋、泛性恋和无性恋，还包括其他广泛的性取向表现形式。在描述一个人对其他人的吸引力时，这个术语比性偏好、性行为、生活方式等说法更受欢迎。

性别认同：一个人内心对性别的深刻感受和个人体验，可能与出生时的性别或社会所赋予的性别一致，也可能不一致。它包括一个人对身体的切身体察，可能涉及也可能不涉及通过医疗手段、手术或其他手段来改变身体的外观或功能的愿望。

性别表达：个体通过一系列线索，如姓名、代词、行为、着装、声音、举止和生理特征，来理解其他人的性别。性别表达不一定是对性别认同的准确反映。具有多种性取向、性别认同或性特征的人不一定有多样化的性别表达。同样，没有多种性取向、性别认同或性特征的人也可能有多样化的性别表达。

第二单元　残疾包容性语言

一、一般原则

时代的进步，描述残疾的语言有了很大的发展。在撰写有关残疾的文章时，应努力避免使用那些可能传达低人一等的印象或隐含排斥之意的词语、术语或表达方式。因此，慎重选择包容性语言，有助于实现《联合国残疾人包容战略》中所载的目标，有助于减少"体能歧视"（ableism）现象。

在提及残疾人时，必须区分"损伤"和"残疾"这两个词。

损伤：身体功能或结构方面的问题，例如明显的偏差或缺失（《采用关于功能、残疾和健康的共同语言》，世界卫生组织，2002年，第10页）。

残疾：残疾人包括肢体、精神、智力或感官有长期损伤的人，这些损伤与各种障碍相互作用，可能阻碍残疾人在与他人平等的基础上充分和切实地参与社会（《残疾人权利公约》第一条）。

换句话说，"损伤"一词是指一个人的肢体、精神、智力或感官状况，而"残疾"则是这种损伤与环境中的障碍相结合的结果。一个人可以有一种以上的损伤。损伤不一定导致残疾。损伤和残疾并非总是显而易见的。

二、以人为本的语言

就涉及残疾人的文字工作而言，应本着以人为本的原则，使用客观、公正的语言来描述残疾人的活动，而不是以其损伤或残疾来指代残疾人。除了下文的例子外，附件中还提供了一份相关用语列表。

1. 避免将残疾人的症状或表现作为描述残疾人的通用语

描述残疾人的残疾状况时，要避免使用残疾人的症状或表现作为描述残疾人的通用语，可以用"对症状的客观描述＋者/人士"这样的结构来表达。

例如：

建议使用	避免使用
视力障碍者	盲人，瞎子
肢体残疾人士/行动障碍者	瘸子
智力障碍人士	低能儿
生长障碍人士	侏儒
听说障碍人士	哑巴

2. 避免带有先入为主印象的语言

一个人有某种损伤，并不一定意味这个人会受到这种损伤的影响，或成为其受害者。在任何情况下，重点应该是实事求是地描述具体情况，而不是主观地作出判断。例如，轮椅使用者很可能认为轮椅是一种给他/她带来行动自由的手段，而不是患有缺陷的标志。因此，不要主观地认为残疾人是需要照顾的特殊群体，也不要强调其身体损伤或能力受限，而是要重视残疾人的自尊，正面强调其能力。

例如：

不要强调"我的邻居出行**必须靠**轮椅"，而要强调"我的邻居**可以使用**轮椅出行"。

3. 省略

在与主题或上下文无关时，行文中不必提及某人是残疾人，也不要提及其病症。

例如：

坐在**轮椅**上的那个学生酷爱**读书**。（不相关）

坐在**轮椅**上的那个学生介绍了校园里的**无障碍设施**。（相关）

附件：国际劳工组织《残障报道媒体指南》术语表

建议使用	避免使用
脑性瘫痪患者、脑瘫患者	被多发性硬化症、脑瘫困扰等
癫痫	抽筋、发作、歇斯底里
先天性残疾	出生缺陷、畸形
盲人、视力障碍人士	瞎子
使用轮椅的人或轮椅使用者	受轮椅限制的人、受限于轮椅的人

续表

建议使用	避免使用
精神障碍人士	疯子、精神病、痴呆、神经病、精神分裂症患者
肢体残疾人士或行动障碍人士	跛的、瘸的,或跛子、瘸子
听力障碍人士或听说障碍人士	聋哑、聋子、哑巴
残疾人群体	残疾的群体
残疾人、残障人士、有障碍或残疾的女性、男性	残废的、废物、废人
生长障碍人士	矮人、侏儒
无障碍座椅、无障碍车位、无障碍洗手间	残疾人座椅、残疾人车位、残疾人洗手间
残疾人、残障人士	没用的人、不行的人、不能的人
智力障碍人士	弱智、白痴、低能儿、傻子
唐氏综合征患者	大头症、蒙古症
非残障人士	正常的、正常人
坐姿运动员	坐轮椅的运动员、没有腿的运动员、不能站的运动员

第七十六届联合国大会第 148 号(LXXVI)决议

(2022 年 1 月 6 日)

土著人民权利

大会,

重申《联合国土著人民权利宣言》,其中述及土著人民的个人和集体权利,对国家和地方各级起草若干宪法和法规产生了积极影响,并有助于国际及国家法律框架和政策的逐步发展,

回顾 2014 年 9 月 22 日和 23 日在纽约举行的称为世界土著人民大会的

大会高级别全体会议成果文件,其中会员国的国家元首和政府首脑、部长及代表重申了联合国在促进和保护土著人民权利方面持续发挥的重要作用,又回顾高级别全体会议的包容性筹备过程,包括土著人民代表的全面参与,并欢迎和重申各国、联合国系统、土著人民和其他行为体在落实成果文件方面的承诺、措施和努力,

深为关切大量濒危语言特别是土著语言,强调指出尽管不断努力,濒危语言特别是土著语言仍然迫切需要得到保护、促进和振兴,

认识到土著语言国际年和国际土著语言十年的重要性,有助于提醒注意土著语言严重丧失问题以及保护、振兴和促进土著语言的迫切需要,并在国家和国际两级进一步采取紧急步骤,

回顾各国政府、土著人民和联合国系统为庆祝2019年土著语言国际年而采取的举措和开展的活动,包括联合国教育、科学及文化组织和国际年组织指导委员会与会员国、土著问题常设论坛、土著人民权利问题特别报告员和土著人民权利专家机制以及土著人民和一系列不同利益攸关方协商合作,发挥的牵头作用,

认识到土著人民可以对国际议程上的一系列问题作出贡献,

又认识到振兴、使用、发展和向后代传授其历史、语言、口述传统、思想体系、书写方式和文学作品对土著人民的重要性,

又回顾土著组织和机构于2020年1月27至30日在基多组织的关于加强土著人民在联合国的参与的对话会议成果文件,以及在联合国教育、科学及文化组织的支持下于2020年2月27日和28日在墨西哥举行的题为"开创为土著语言行动的十年"的高级别活动的《洛斯皮诺斯[查普特佩克]宣言——开创为土著语言行动的十年》,

1. 赞赏地注意到土著人民权利专家机制、土著问题常设论坛和土著人民权利问题特别报告员的工作,表示注意到特别报告员的报告,并鼓励各国政府积极回应特别报告员提出的访问要求;

2. 敦促各国政府和联合国系统通过土著人民的代表和机构与土著人民进行协商与合作,继续在国家一级采取适当措施,包括立法措施,以实现《联合国土著人民权利宣言》的各项目标,提高社会各阶层包括立法、司法和公务人员

以及土著人民对《宣言》的认识，并邀请国际和区域组织在各自职权范围内、已有的国家人权机构，包括非政府组织在内的民间社会以及其他相关行为体为这些努力作出贡献；

29. 回顾宣布2022—2032年为国际土著语言十年，以提醒关注土著语言的严重丧失问题以及保护、振兴和促进土著语言的迫切需要，在国家和国际两级采取紧急步骤，并邀请联合国教育、科学及文化组织在现有资源范围内与秘书处经济和社会事务部及其他相关机构合作，担任国际十年牵头机构；

30. 欢迎决定2022年由大会主席组织一次高级别活动，启动国际土著语言十年，还请大会主席在现有资源范围内支持与成功庆祝国际土著语言十年相关的举措；

31. 邀请会员国考虑与土著人民合作建立国家机制，为成功落实国际土著语言十年提供充足资金，支持土著人民作为自己语言的保管人，发起和制定落实国际十年的适当措施，以期保护、振兴和促进土著语言；

32. 确认联合国追求使用多种语文，以此作为在全球促进、保护和维护语言和文化多样性的手段，重申语言多样性是文化多样性的一个重要因素，并鼓励会员国通过公共政策，采用跨文化办法进行设计和实施，以期保护、振兴和促进土著语言，有可能将其纳入教育方案，在土著长者参与下采用代际办法加强儿童和青年对土著语言的使用，并在国际一级促进和使用土著语言；

37. 表示关切土著人民文化遗产被盗用和滥用，重申土著人民既有权维护、控制、保护和开发其文化遗产、传统知识和传统文化表现形式，也有权维护、控制、保护和开发对这些文化遗产、传统知识和传统文化表现形式的知识产权，回顾各国应与土著人民一道，根据《联合国土著人民权利宣言》和国家法律的认可，采取有效措施承认和保护行使这些权利；

46. 决定在其第七十七届会议题为"土著人民权利"的项目下继续审议这个问题，并在临时议程中保留题为"世界土著人民大会的大会高级别全体会议成果文件的后续行动"的分项。

国际民用航空组织理事会第二二五届会议决议

（2022年1月23日）

国际民用航空组织使用多种语文战略

1. 为国际民航组织使用多种语文提供新动力

1.1 迄今为止，国际民航组织依照其立法机构议事规则的笔译和口译规定，将其大量精力用于提供语言服务。尽管秘书处在这方面的努力值得加以赞扬，但必须正视本组织如同联合国系统其他机构那样持续朝向使用单一语文的趋势。例如：工作文件的实质内容往往被归入不需翻译的附件；越来越多或多或少的正式工作机构失去口译服务，尽管它们具有高度技术性；实际上，秘书处内书面或口头交流只使用一种语言。尽管这可用资源不足来解释，但它与联合国工作语文平等的目标背道而驰。

1.2 国际民航组织实施使用多种语文战略的首要目标是培养一种新的思维方式，以便在实现使用多种语文方面取得进展，这不仅在语言服务方面如此，在调动本组织的全部潜力以便充分利用其多样性方面也是如此。为了达到这一目标，必须确定一个连贯和协调的方法，让本组织的治理机构、成员国和秘书处都参与进来，并涵盖语言服务、人力资源政策、沟通交流和促进使用多种语文。

1.3 提供优质语文服务

1.3.1 国际民航组织有六种工作语文：阿拉伯文、中文、英文、法文、俄文和西班牙文，其地位由各立法机构的章程、大会决议和承认这六种语文的《芝加哥公约》文本具有同等效力而得到确立。

1.3.2 实施这些适用于口译和笔译的规则是语文和出版部门的责任。两项行政指令分别管理语文服务的提供和外包。

1.3.3 为了提高语文服务的质量和提供并促使各工作语文的平等，建议在几个方面采取行动。

1.3.4 精简文件编制并改善翻译周转时间

1.3.4.1 文件数目和内容不断增加,这种现象几年来一直备受关注,它已成为评估绩效的一个参数。必须打破这种定量的方法,因为这种方法不能保证效率,会使理事会收到内容过长且无关紧要的文件,并使翻译服务不胜负荷。其结果是各种语文均等的程度下降,因为无法确保同时分发以六种工作语文编制的文件。

1.3.4.2 为了减少需要翻译的文件数量和缩短翻译的周转时间,可能必须通过避免内容冗余、缩短文件长度和只编制必要的文件的方式来精简文件的编制,特别是各个机构的文件。

1.3.4.3 依照A24－21号决议的规定,通过遵守同时分发以所有工作语文编制的文件的原则,这种精简应能实现。从长远来看,还应制订计划,增加以多种语文编制的出版物的数量。

1.3.4.4 应对实施这种新的文件编制方法及其对翻译的影响进行监测,例如监测若干年需要翻译的文件数量以及以六种工作语文提供文件所需的平均时间。

1.3.5 更好地应对口译需求

1.3.5.1 除了通常提供口译服务的会议(理事会、空中航行委员会、会议)外,应考虑扩大提供口译服务的会议数量的可能性,特别是向委员会、专家组和秘书处小组提供口译服务,具体取决于工作的技术性和复杂性以及国家专家或秘书处的要求。提供口译服务的需求应与这些论坛的参与者协商后,并根据提供充足财务资源或实物资源的情况进行核实。

1.3.5.2 此外,还应审查以国际民航组织工作语文以外的语文提供语文服务的可能性。对于地区办事处的活动和为国家或国家集团举办的某些活动可能更是如此。如有必要,相关国家可对提供这项服务给予支持。

1.3.5.3 由于使用多种语文是一项共同分担的责任,因此,在提供口译服务时,应鼓励秘书处工作人员和代表团成员使用他们最了解或最熟悉的国际民航组织工作语文。这种良好做法将使本组织提供的服务得到最好的利用并促进多样性的表达。它可以是在提供口译服务的会议开始时做出的正常提醒。

1.3.6 支持语文服务

1.3.6.1 语文和出版处是实施这项战略和提供优质服务的核心。为了提高其有效性和重要性,有必要根据用户评估,特别是通过定期调查,对需求和能力进行前瞻性管理,并监测语文服务的质量(见 A37－25 号决议第 7 段)。

1.3.6.2 国际民航组织应继续监测联合国的最佳做法(见 A37－25 号决议第 8 段),以便通过增加和改进产出以及减轻工作人员负担的方式确定可以提高语文服务质量和效率的新技术。作为秘书长发起的数字转型方案的一部分,应建立适当的程序和机制,以充分利用技术的创新。

1.3.6.3 语文服务管理系统(LSMS)项目的实施将在这方面发挥关键作用。这个项目旨在使国际民航组织配备联合国秘书处设计并在近年来得到越来越多联合国系统机构成功使用的最先进系统和工具。这套软件组合包括计算机辅助翻译和术语工具(eLUNa)、文件管理工具(gDoc)和口译管理工具(eAPG)。它还可以通过应用程序编程接口(API)连接到人工智能工具,例如"世界知识产权组织语音转文字软件"(WIPO Speech-to-text)或"世界知识产权组织翻译软件"(WIPO Translate)和互操作性或语义标记框架,例如 AKN4UN。

1.3.6.4 国际民航组织还应加强与联合国秘书处、联合国系统,以及语文安排、文件和出版物问题国际年度会议(IAMLADP)及其技术部门——计算机辅助翻译和名词学国际年度联席会议(JIAMCATT)等实体的伙伴关系,以借助提供语文服务的各种经验和最佳做法。

1.3.6.5 应继续加强和精简语文服务的整体管理。特别是,秘书处应继续努力建立国际民航组织所有语文的自由职业口译员、笔译员和编辑名册,并确保及时填补工作人员空缺。此外,应加强初级语文官员方案并提供适当资金以帮助培养下一代航空语言学家。应寻求与培训学校的伙伴关系,并促进本组织的职业机会。使用社交媒体和其他媒体公布职位空缺以及加强与联合国和其他国际组织的伙伴关系应有助于这些努力。

1.3.6.6 应继续审查、更新和执行适用于语文和出版服务的国际民航组织规则、政策和行政指示,以反映多种语文领域新出现的趋势、做法和发展。

2. 充分利用秘书处工作人员的语文技能

2.1 正如JIU/2020/6号报告所述,联合国工作人员必须通过能掌握一种以上官方语文和工作语文的语文技能来体现《宪章》的普遍性。同一份报告指出,根据现行行政规则,一些秘书处的工作人员至少应具有双语能力,换句话说,要能精通并能以该组织的至少两种语文进行交流。尽管如此,联合国系统和国际民航组织一样,在招聘阶段或在晋升过程中并未充分考虑到这些政策的影响。

2.2 适用于国际民航组织工作人员的相关规则,特别是关于专业和管理岗位的持续培训或最低培训要求的行政指示,都没有对最低语文要求作出规定,也很少有促进使用多种语文的规则。此外,只有D-2级职位的空缺通知才被翻译成国际民航组织工作语文。

2.3 然而,使用多种语文的行政机构具有更接近其所有利害攸关方尤其是其成员国的基本优势。提高语文技能也有助于提高开放性和包容性,有利于员工及其绩效。

2.4 因此,有必要充分利用本组织现有的语文技能,将其作为一项资产,并在内部将使用多种语文作为核心价值加以推广。同样,人力资源管理应考虑工作人员在其职业生涯各个阶段的语文技能,并确保他们得到发展。

2.5 摸清官员的语文技能

2.5.1 为审视当前情况,需要按照联合国标准了解有关秘书处工作人员语文技能的数据。经理事会批准,此类数据将被列入关于国际民航组织工作人员组成的年度报告,这将使其能够查明工作人员语文技能,以便在需要时可以调用该数据库并查明培训需求。

2.6 更新语文培训政策

2.6.1 应加强培训政策,以培养工作人员使用本组织工作语文以及酌情使用其他语文的技能,这不仅培育多样性,而且促进与利害攸关方特别是与地区办事处工作人员的互动和适应环境。

2.6.2 应在有兴趣支持这项工作的成员国的协助下加强提供语文培训,尤其是编制符合国际民航组织工作人员需要的课程或加强工作人员的交流。

2.6.3 这些课程也可向理事会成员和代表团人员开放。

2.7 将语文技能列入招聘和职业管理的考虑

2.7.1 促进使用多种语文包括可以在征聘秘书处工作人员时加强对语文的要求。在这方面,可以考虑鼓励一般事务人员以及专业人员和局长级工作人员(P2-P5 和 D1-D2)熟练掌握两种或两种以上语文。第一步是确定需要这项要求的岗位,并应分阶段开始实施。

2.7.2 这对需要特定语文技能的地区办事处和总部某些岗位(例如负责审计的部门)尤其如此。这些职位和要求应在相关职位空缺通知中列出并包含在内。

2.7.3 除了目前的奖励制度之外,还需要审查在员工绩效评估时将语文技能考虑在内的方法。

2.7.4 为确保更广泛地发布和了解工作人员空缺通知并显示可能入选的候选人对国际民航组织多样性的承诺,可以考虑逐渐翻译专业级别的空缺通知,首先以相关地区使用的工作语文发布该地区办事处职位的空缺通知开始。

3. 加强多种语文的交流

3.1 国际民航组织作为联合国系统的一个组织,应该更多地使用多种语文进行交流,以便让尽可能多的人参与其中。

3.2 一些良好做法已经确立,例如在社交媒体平台上广播消息或将网站的某些页面翻译成多种工作语文。可以探索将本组织网站和社交媒体平台翻译成六种工作语文。但是,这将需要成员国提供充足的自愿捐助。

3.3 秘书处工作人员的语文技能一旦得到确定,便可用来提高本组织的多种语文外联工作,这不应完全依赖语文服务部门或负责通信交流的工作人员来完成,而是可以采用国际民航组织整体范围内的动员作为基础。这应符合联合国语文框架所详细说明的评价指标,其中确定了联合国四个级别的语文能力水平。

4. 将使用多种语文作为一种普世价值观来推广

4.1 应积极促进使用多种语文,例如庆祝国际母语日(每年2月21日)和国际民航组织工作语文的各自国际日。

4.2 与高等教育机构建立伙伴关系也可能有助于在国际民用航空部门发展使用多种语文。

5. 调动积极实施这项战略的手段

5.1 使用多种语文是一种共同利益。因此,有效实施相关战略必须是秘书处、理事会和成员国的共同责任。

5.2 秘书处所有组成部门共同承担的责任

5.2.1 依照秘书长的委责书,他有责任实施这项战略。秘书长应就此向理事会提出报告,每三年向大会提出报告,并且还应在大会每届会议提出更多要求之前更新必要的战略。秘书长将得到多种语文协调员的协助来完成这项任务。

5.2.2 依照联检组报告(JIU/REP/2011/4 和 JIU/REP/2020/6)的建议,负责语文和出版的副局长被指定为多种语文协调员。协调员的职责是充当成员国和秘书处实体提出的关切和问题的渠道,发挥推动秘书处使用多种语文的协调、统一和一致的方法的作用,并提出和采用创新的解决方案,在所有部门和办事处灌输使用多种语文的文化。这些承诺应结合联合国系统的最佳做法转化为具体行动。

5.2.3 协调员应能运用在每个局处和地区办事处指定的使用多种语文联络点网络。在协调员的指导下,该网络将负责在秘书处内传播政策和最佳做法,并促进有利于使用多种语文的集体行动。

5.3 理事会和成员国的必要参与

5.3.1 成员国应积极参与促进其体现并从中受益的多种语文的使用。他们应该为这一努力作出贡献,发挥推动作用,以身作则。国家代表及其专家应牢记,他们可以为多元化和多语文组织带来的第一个贡献,是尽可能用他们最熟悉或最爱用的国际民航组织工作语文来表达自己。

5.3.2 特别是,成员国应考虑通过帮助制定国际民航组织工作人员语文培训的伙伴关系来支持秘书处。强烈鼓励它们考虑借调语文专家来支持语文和出版部门的工作以及在整个组织推广使用多种语文。此外,成员国应考虑为具体举措提供自愿捐助,例如翻译国际民航组织网站和某些尚未以某些工作语文提供的监管文件。

5.4 与目标匹配的预算资源

5.4.1 鉴于使用多种语文对实现国际民航组织的战略目标有重大贡献，它的好处在很大程度上证明需要为促进它的使用而进行投资。

5.4.2 在预算能力有限的情况下，语文服务不应被视为一个"可调整的变量"，而应为履行其职能分配必要的资源。因此，尽管将进一步考虑旨在更好管理可用资源的想法和举措，但应维持当前分配给使用多种语文的资源。

5.4.3 实施这项战略所需的任何额外资源，都应来自以下效率增益措施：(i) 精简文件编制，(ii) 使用创新技术和工作实践，使语文服务更加高效，降低资源密集度，和 (iii) 动员成员国提供各种类型的捐助：现金、实物、成员国机构的培训、向地区办事处工作人员提供免费课程等。

第七十六届联合国大会第 268 号(LXXVI)决议

(2022 年 6 月 10 日)

使用多种语文

大会，

确认使用多种语文是本组织的核心价值，有助于实现《联合国宪章》第一条规定的联合国目标，

铭记使用多种语言是多边外交的促进因素，有助于弘扬联合国的价值观，并增强我们的人民对《宪章》所载宗旨和原则的信念，

确认联合国力求使用多种语文，以此在全球促进、保护和保存语文和文化的多样性，并提高本组织的效率、业绩和透明度，

在这方面，又确认使用多种语文有助于在多样性中求统一，增进国际了解、容忍和对话，并确认能够用世界人民自己的语言，包括以残疾人可以采用的形式，与他们进行沟通非常重要，为此促进联合国行动的主导权和可持

续性，

强调指出必须严格遵守为联合国不同机构和机关规定语文安排的各项决议和规则，

回顾阿拉伯文、中文、英文、法文、俄文和西班牙文是大会包括其各委员会和小组委员会的正式语文和工作语文，也是安全理事会的正式语文和工作语文，阿拉伯文、中文、英文、法文、俄文和西班牙文是经济及社会理事会的正式语文，而英文、法文和西班牙文是其工作语文，英文和法文是秘书处的工作语文，

确认联合国除使用六种正式语文外，还努力酌情使用非正式语文与当地特定目标受众进行沟通，

强调在联合国的活动中使用多种语文的重要性，

确认使用多种语文对通过联合国各部厅的工作推动和平与安全、发展和人权具有促进作用，

重申大会题为《变革我们的世界：2030年可持续发展议程》的2015年9月25日第70/1号决议，并重申大会坚定不移地致力于实现《2030年议程》，并以此为契机，到2030年把我们的世界变得更加美好，

回顾其通过《在民族或族裔、宗教和语言上属于少数群体的人的权利宣言》的1992年12月18日第47/135号决议，以及《公民权利和政治权利国际公约》，特别是其中关于在族裔、宗教或语言上属于少数群体的人的权利的第二十七条，

又回顾其2016年12月19日第71/178号决议，其中确定2019年为土著语言国际年，并表示注意到其2019年12月18日第74/135号决议，其中宣布2022—2032年为国际土著语言十年，以提请关注土著语言严重丧失问题以及保护、振兴和促进土著语言的迫切需要，2020年2月27至28日在墨西哥城通过的《洛斯皮诺斯宣言》中提到该十年，

还回顾联合国教育、科学及文化组织大会于1999年11月17日决定，应宣布2月21日为国际母语日，

回顾其1946年2月1日第2(I)号、1968年12月21日第2480 B(XXIII)号、1987年12月11日第42/207 C号和1995年11月2日第50/11号决议及

其他与使用多种语文有关的后续决议,包括 2002 年 2 月 15 日第 56/262 号、2017 年 5 月 24 日第 71/288 号、2017 年 9 月 11 日第 71/328 号、2017 年 12 月 7 日第 72/90 A 和 B 号、2017 年 12 月 19 日第 72/161 号、2018 年 7 月 13 日第 72/304 号、2018 年 9 月 17 日第 72/313 号、2018 年 12 月 7 日第 73/102 A 和 B 号以及 2018 年 12 月 22 日第 73/270 号、2019 年 9 月 12 日第 73/341 号、2019 年 12 月 27 日第 74/252 号、2020 年 9 月 4 日第 74/303 号、2020 年 12 月 10 日第 75/101 A 和 B 号、2021 年 9 月 10 日第 75/325 号、2021 年 12 月 9 日第 76/84 A 和 B 号以及 2021 年 12 月 24 日第 76/237 号决议,

1. 表示注意到秘书长的报告;

一、普遍使用多种语文和秘书处的作用

2. 赞赏地注意到联合检查组关于使用多种语文的报告;

3. 强调联合国六种正式语文地位平等至关重要;

4. 着重指出必须充分执行为联合国正式语文和秘书处工作语文规定语文安排的所有决议;

5. 又着重指出秘书处有责任在其各项活动中平等使用多种语文;

6. 注意到以相关正式语文提供联合国文件仅限于秘书处活动的某些领域,因此邀请秘书长按照相关细则和条例采取适当措施,在现有资源范围内执行使用多种语文的现行政策;

7. 请秘书长继续努力,确保使用多种语文作为联合国的一项核心价值观,不因针对流动性状况和冠状病毒病采取的措施而受到损害,并请秘书长继续努力,确保今后在这类情况下坚持使用多种语文,并鼓励秘书长在必要时寻求具有成本效益的办法来应对今后的这类风险;

8. 请秘书处继续以会议主持人所用的联合国正式语文,向各主要机关主席、大会各主要委员会主席、其附属机构主席以及秘书处代表提供程序性说明、发言和讲话;

9. 注意到很大比例的招标仅以英文发布,因此鼓励秘书处酌情利用现行的使用多种语文政策,为当地供应商参与联合国采购招标程序提供便利;

10. 注意到《采购手册》已于 2020 年 6 月 30 日以三种正式语文出版和更

新,还请秘书长确保以所有正式语文提供《采购手册》的最新版本,并请秘书长确保在适当时限内在所有六种正式语文版本中反映所作的更新;

11. 回顾秘书长有权按照大会1999年12月6日第54/64号决议首次提出的要求,任命一名秘书处高级官员担任未来的使用多种语文问题协调员;

12. 赞赏地回顾秘书长已任命使用多种语文问题协调员,负责在全秘书处全面落实使用多种语文,促请秘书处各部厅全力支持协调员落实关于使用多种语文的相关任务规定,并请秘书长在下一次关于使用多种语文问题的报告中汇报这方面的情况;

13. 回顾其认可秘书长关于使用多种语文问题的报告(A/71/757)中所提出的使用多种语文问题协调员的职权范围;

14. 欢迎指定使用多种语文问题协调员为联合国系统行政首长协调理事会一级的使用多种语文牵头实体,并欢迎协调员和行政首长协调理事会秘书处共同努力,在协调理事会各成员组织之间采取更加协调一致的使用多种语文办法,分享关于采用创新办法应对共同挑战的信息;

15. 又欢迎继续发展协调人网络,协助使用多种语文问题协调员在秘书处所有实体和整个联合国系统有效和协调一致地执行有关决议,并请秘书长考虑为每个协调人制定目标,以期制定一项有利于使用多种语文的业务行动计划;

16. 感到遗憾的是,在制定一项全秘书处统一的使用多种语文政策框架,以支持在联合国系统内对使用多种语文问题采取全面、协调的办法方面出现延误,同时考虑到联合检查组关于使用多种语文的报告所载的有关建议,并请秘书长加快此种工作并向大会第七十八届会议报告所取得的进展;

17. 注意到秘书处各实体表示,由于缺乏按语文分类的数据等原因,在为秘书长的报告汇编准确和全面数据时遇到各种困难,并欢迎使用多种语文问题协调员努力解决秘书处各实体存在的这一问题;

18. 欢迎使用多种语文问题协调员努力鼓励秘书处各实体推动为每个联合国正式语文的专门语文日举办庆祝活动,以宣传和进一步认识每个语文的历史、文化和使用情况,鼓励秘书长用六种正式语文提供关于每个语文日的文函,并进一步加强这种办法,在必要时通过伙伴组织包括会员国和联合国教

育、科学及文化组织等机构的参与,还鼓励秘书长考虑以不增加费用的方式把这一重要举措扩大到世界各地使用的其他非正式语文;

19. 赞赏地欢迎在 2018 年设立一个联合国秘书长奖的新奖项,以表彰工作人员或团队在促进联合国使用多种语文方面的最佳做法和创新办法;

20. 欢迎各国际组织以共同语文为基础,在使用多种语文方面努力加强与联合国的合作;

21. 促请会员国和秘书处促进世界各地人民使用的所有语文的保存和保护工作,包括在 2 月 21 日举行庄严的国际母语日庆祝活动;

22. 欢迎联合国教育、科学及文化组织、会员国、联合国系统各实体、其他国际组织和所有其他参与机构开展活动,促进尊重、弘扬和保护所有语文(尤其是濒危语文)、语言多样性和使用多种语文;

23. 重申语文多样性是文化多样性的重要元素,强调指出充分和有效执行 2007 年 3 月 18 日生效的《保护和促进文化表现形式多样性公约》的重要性,并回顾 2003 年 10 月 15 日《普及网络空间及促进并使用多种语言的建议书》;

24. 回顾其 2021 年 12 月 24 日第 76/242 号决议第 9 段,并赞赏地欢迎秘书长继续采取措施,在内部司法系统内使用多种语文;

二、全球传播部在使用多种语文方面的作用

25. 重申秘书处全球传播部的首要任务是通过其外联活动,向公众提供关于联合国任务和责任的准确、公正、全面、均衡、及时、相关的多种语文信息,以最透明的方式加强国际上对联合国活动的支持;

26. 请秘书长加紧努力,确保全面执行在使用多种语文方面与信息和通信有关的现有任务,在这方面请秘书处探索新的信息和通信技术所提供的机会,并就此在其关于使用多种语文问题的下一次报告中报告情况;

27. 又请秘书长确保全球传播部作出的任何决定,包括因预算的限制或削减作出的决定,均不损害使用多种语文的原则;

28. 回顾其第 76/237 号决议第 51 段和第 52 段,感到遗憾的是,全球通信部在消除在将正式会议网播存档方面英文与其他五种正式语文在使用上存在的不平等方面出现延误;

29. 强调必须在全球传播部的所有活动中使用联合国所有正式语文,确保对各正式语文完全一视同仁,以消除英文与其他五种正式语文在使用上的不平等,在这方面重申请秘书长确保该部在所有正式语文方面具有开展其所有活动所必需的人员配置;

30. 又强调全球传播部在为国际和平与安全、发展和人人享有人权赢得支持方面的作用,以及使用多种语文对于实现这些目标的贡献;

31. 欢迎全球传播部不断努力在其所有活动中加强使用多种语文,并强调指出必须确保通过联合国网站提供联合国所有新公开文件的所有正式语文文本、宣传资料和所有联合国旧文件,供会员国及时取用;

32. 鼓励全球传播部继续按照目标受众的需要,酌情使用正式语文以外的其他语文,以便尽可能向最广大的受众传播信息,并将联合国信息传播到世界每一角落,从而加强国际社会对本组织活动的支持;

33. 欢迎联合国新闻中心网络,包括联合国区域新闻中心,为发布联合国新闻材料并将重要文件翻译成联合国正式语文以外的其他语文所做的工作;鼓励各新闻中心继续在其互动性和主动性工作中开展重要的多种语文活动,并用当地语文制作网页,并鼓励全球传播部提供必要的资源和技术设施,以期面向尽可能广大的受众,把联合国的讯息传播到全世界每个角落,从而增强国际社会对本组织活动的支持;鼓励在这方面继续努力;

34. 强调联合国新闻中心网络在以下方面的重要性:提升联合国的公共形象;向当地民众特别是向发展中国家民众传播关于联合国的讯息,同时考虑到以当地语文传播信息对当地民众影响最大;在地方一级动员支持联合国工作;

35. 欢迎做出持续努力,使用正式和非正式语文以及传统传播方式在全球传播信息,在这方面表示特别赞赏联合国电台目前以六种正式语文和非正式语文开展的工作;

36. 回顾其第 76/84 B 号决议第 96 段,并请秘书长继续支持这些努力;

37. 请秘书长考虑到联合国总部的导游服务具有创收性质,继续努力确保始终提供联合国所有六种正式语文的导游服务;

38. 欢迎秘书长关于还在联合国总部提供非正式语文导游服务的倡议;

39. 感兴趣地注意到秘书处通过采取不增加费用的举措,编制正式和非正

式语文出版物,增加翻译出版物的数量,鼓励联合国图书馆采取多语文采购政策,并请秘书处继续采取这些举措;

40. 欢迎建成可提供多语文内容的联合国数字图书馆,并鼓励联合国各图书馆继续考虑到在各自活动中使用多种语文的重要性;

41. 赞赏地注意到全球传播部努力在地方一级与联合国系统其他组织和机构协作,加强传播活动的协调,并敦促该部鼓励联合国传播组在自身工作中促进使用多种语文;

42. 表示赞赏全球传播部努力重点传播秘书长最近一些重要通信和致辞,而且除使用正式语文外,还使用葡萄牙语、印地语、斯瓦希里语、波斯语、孟加拉语和乌尔都语等非正式语文,旨在促进使用多种语文,并鼓励传播部在现有资源范围内以所有六种正式语文以及在适当情况下以非正式语文予以传播;

43. 回顾其第 75/101 B 号决议第 92 段,并鼓励全球传播部优先制订合作安排,实现联合国视听档案的数字化,同时保留它们的多语文特点;

44. 欢迎全球传播部与各大学建立无偿笔译服务伙伴关系,并请秘书长增加这种伙伴关系的数量;

45. 请秘书长继续全力确保秘书处出版物和其他信息服务,包括联合国网站、社交媒体平台和联合国新闻服务处,以所有正式语文提供与联合国当前所关切问题有关的全面、均衡、客观和公平的信息,并保持编辑独立性、公正性和准确性,完全遵守大会的决议和决定;

三、网站、社交媒体和其他网基传播工具

46. 重申联合国网站和社交媒体是会员国、媒体、非政府组织、教育机构和公众的重要工具;特别是在 COVID-19 大流行背景下;

47. 又重申必须在所有联合国网站上实现六种正式语文的完全同等使用,在这方面欢迎秘书长继续努力对联合国网站进行全面审查,包括审查各正式语文之间的内容差异,并赞赏地注意到秘书长关于使用多种语文的报告中提议的创新构想、潜在协同增效办法和其他措施,以实现六种正式语文的完全同等使用,请秘书长向大会第七十八届会议提交这一审查的最新版本;

48. 欢迎秘书长继续努力对联合国网站进行全面审查,介绍非正式语文内

容情况,并赞赏地注意到秘书长关于使用多种语文的报告中提议的创新构想、潜在协同增效办法和其他不增加费用的措施,以便酌情加大力度,以多种语文更广泛开发和充实联合国网站,请秘书长向大会第七十八届会议提交这一审查的最新版本;

49. 回顾大会第 73/346 号决议第 42 段,关切地注意到秘书处维持的网站上英文和非英文的使用不平等,敦促秘书长率领秘书处各部厅努力采取实际行动解决此类不均衡情况,为此促请所有利益攸关方,包括全球传播部、提供内容的秘书处实体以及信息和通信技术厅,继续在各自任务范围内开展协作,以便在秘书处所有实体开发和维持的联合国所有网站上实现六种正式语文之间的完全平等,充分遵循使用多种语文的原则,遵守关于使用多种语文和残疾人无障碍问题的相关决议,为此做出一切努力,对目前仅有英文的材料进行翻译,并向各部厅提供符合平等原则的技术解决方案;

50. 敦促秘书长加大工作力度,平等使用所有联合国正式语文,发展、维持和充实多语种联合国网站和秘书长网页;

51. 再次请秘书长确保在网站和社交媒体上提供最新和准确信息的同时,充分尊重六种正式语文的需要和各自特点,在所有六种正式语文之间公平分配全球传播部内部拨给联合国网站和社交媒体的资金和人力资源,以确保参与;

52. 鼓励继续对配有口译服务的大会和经济及社会理事会及其各自的附属机构的公开会议以及安全理事会的公开会议提供网上直播;请秘书处尽一切努力,严格遵守联合国六种正式语文完全平等的原则,提供完整查阅配有口译服务的联合国以往所有公开正式会议存档录像的机会,促进本组织的透明度和问责制;在这方面请秘书处全球传播部、信息和通信技术厅以及大会和会议管理部协作探索具有成本效益的技术备选办法,以确保在联合国网站上以所有正式语文平等推出同样可用、完整、可搜索、方便用户的网播档案;请秘书长在将要提交大会第七十八届会议的下一次关于使用多种语文的报告中汇报这一协作的成果;

53. 关切地注意到在以多种语文发展和充实联合国网站和社交媒体账户的工作中,若干正式语文的改进速度大大低于预期,为此请全球传播部与提供网站内容的部门协调，推动开展旨在实现联合国网站上六种正式语文充分平等的行动，特别是加快填补一些科室的空缺员额；

54. 表示注意到秘书长报告 A/75/798 第三 A 节，请秘书长继续开展这方面持续进行的工作，并敦促秘书处提供网站内容的所有部门加大工作力度，在现有资源范围内，以最实际、最有效和成本效益最高的方式将联合国网站上的所有英文材料和数据库翻译成所有正式语文；

55. 请全球传播部与信息和通信技术厅合作，继续努力确保技术基础设施和辅助应用程序充分支持拉丁、非拉丁和双向书写文字，以加强联合国网站上所有正式语文的平等使用；

56. 确认 un.org 网域的语文着陆页是使联合国网站得以使用多种语文的一种解决办法，并鼓励秘书长继续探索创新解决办法，增强秘书处网站使用多语文的能力；

57. 强调秘书长必须确保全球传播部关于使用多种语文最低标准的准则作为网站开发人员和管理人员指南，确保在上述网域内的网站上充分、公平使用联合国所有正式语文；

58. 欢迎秘书长在 un.org（联合国官方网站）发布的一些任命通知中提到高级领导层成员的语文技能，并鼓励秘书长在被任命人提出请求时将其语文技能列入通知；

59. 又欢迎全球传播部为提高以正式和非正式语文提供的网页数量与学术机构达成的合作安排，请秘书长铭记恪守联合国标准和准则的必要性，与提供网站内容的部门协调，将这些合作安排扩大到联合国所有正式语文；

60. 着重指出采用社交网络等新通信工具必须顾及语文层面，以确保本组织所有正式语文的充分平等使用；

61. 承认社交媒体对于尽可能广泛地接触受众具有日益重要的作用，因此欢迎联合国官方社交媒体的各语种账户越来越为大众所喜闻乐见，并鼓励全球传播部继续通过以联合国六种正式语文并酌情以更多的非正式语文及时提供关于本组织工作和优先事项的最新信息，扩大该部在各种平台上的多语种存在；

62. 敦促秘书处使用其两种工作语文不断更新 iSeek，继续努力在所有工

作地点采用iSeek,并制订和执行不会增加费用的措施,使会员国能够安全地获得目前只能通过秘书处内联网得到的信息;

四、文件和会议服务

63. 再次请秘书长优先完成将联合国所有重要旧文件以所有六种正式语文上传到联合国网站的任务,从而使会员国也可通过这个途径查阅这些档案;

64. 请秘书长继续在会议管理工作中,通过提供文件服务和会议与出版服务,包括提供高质量的笔译和口译服务,确保各政府间机关中的会员国代表和联合国专家机构的成员平等地使用联合国所有正式语文,有效地用多种语文进行沟通;

65. 鼓励大会和会议管理部根据请求,制定关于翻译外包和质量标准的政策指导文件,供秘书处相关部厅使用;

66. 注意到创新在线语文工具和翻译技术的使用,比如有助于提高人工翻译的效率和一致性的eLUNa,以及联合国术语数据库(UNTERM),包括在COVID-19大流行期间的使用,并鼓励秘书处探索其他技术,供联合国各实体在有适当质量控制的前提下使用;

67. 着重指出所有酌情借力技术的举措,包括试行举措,都应符合本组织各正式语文平等原则,以保持和提高秘书处所提供服务的质量和范围,并鼓励秘书长继续开展这些努力,以此对实现使用多种语文的目标作出实际贡献;

68. 再次关切地请秘书长确保依照大会2000年12月23日第55/222号决议第三节第5段,在以印本分发会议文件以及在正式文件系统和联合国网站张贴会议文件方面,严格遵守以所有六种正式语文同时分发文件的规定;

69. 重申应全面执行和遵守大会议事规则第55条,该条规定在大会届会期间,《联合国日刊》应在现有资源范围内以大会使用的语文印发;

70. 着重指出有关工作方法演变的所有举措包括试行举措,都应遵守本组织正式语文平等的原则,以保持或提高秘书处的服务质量和范围;

五、人力资源管理和工作人员培训

71. 回顾其2016年12月23日第71/263号决议,特别是其中第10段,其中重申需要尊重秘书处两种工作语文的平等地位,重申按照规定在特定工地点增用其他工作语文的做法,为此请秘书长确保在空缺通知中具体说明需要秘书处两种工作语文中的任何一种,除非有关员额的工作需要某种特定的工作语文;

72. 注意到在 Inspira 上发布的空缺通知中的语文要求在各种正式语文之间存在显著差异,鼓励制定和执行关于在今后的空缺通知中设定语文要求的准则,并请秘书长就此向大会第七十八届会议报告提出报告;

73. 满意地注意到秘书处愿意鼓励工作人员在提供口译服务的会议上,使用六种正式语文中他们所掌握的任何一种语文;

74. 鼓励联合国工作人员继续积极利用现有培训设施,掌握一种或多种联合国正式语文,并提高其熟练程度;

75. 欢迎秘书长邀请秘书处所有实体建立一份工作人员语文能力盘存表,同时以最佳方式使用现有语文数据库,如第 71/328 号和第 73/346 号决议着重指出的那样,欢迎制定了试行项目,但注意到盘存表尚未得到利用,鼓励秘书处管理战略、政策和合规部人力资源厅协同秘书处业务支助部人力资源服务司,与使用多种语文问题协调员协作加紧这些努力,并请秘书长在大会第七十八届会议上报告成果;

76. 请秘书长继续努力确保向所有工作人员平等提供六种正式语文的培训机会;

77. 回顾其第 71/263 号决议第 11 段,其中确认联合国在实地与当地居民的互动交流必不可少,而语文技能是甄选和培训进程的重要元素,因此申明,在这些进程中应将熟练掌握驻在国官方语文作为一个补充优势加以考虑;

78. 欢迎秘书长在其与高级管理人员、包括外地高级管理人员订立的所有契约中列入有关使用多种语文的管理指标,要求在所有工作计划以及适用的特派任务计划和预算中纳入使用多种语文和(或)语文考虑因素,并要求各文件编写实体及时提交所有大会文件并遵守字数限制,以进行多种语文处理,请秘书长就此向大会第七十八届会议提交报告;

79. 强调指出应继续严格按照《联合国宪章》第一百零一条并根据大会各项决议的相关规定雇用工作人员;

80. 关切地注意到一些由人力资源厅编写的征聘手册只有英文版,鼓励秘

书长确保即将进行的审查和更新,特别是对申请人手册的审查和更新,将同时以各工作语文出版;

81. 请秘书长确保遵守联合国工作人员应有能力使用秘书处一种工作语文的要求,并鼓励秘书长进一步执行第 2480 B(XXIII)号决议;

82. 强调指出专业及以上职类工作人员的晋升应严格按照《宪章》第一百零一条进行,并须符合第 2480 B(XXIII)号决议的规定和 2001 年 6 月 14 日第 55/258 号决议的相关规定;

83. 欢迎使用多种语文问题协调员努力在审查如何在工作人员甄选过程中评估语文技能方面向管理战略、政策和合规部人力资源厅和业务支助部人力资源服务司提供支持,并请秘书长在大会第七十八届会议期间报告在这方面取得的进展;

84. 请秘书长采取适当措施,在为雇用联合国工作人员组成面试小组时考虑到空缺通知中提到的特定语言要求,注意到在组成其成员通晓另一种语文的面试小组方面存在困难,并在这方面请秘书长考虑在中期内解决这一问题的可能性;

85. 欢迎正在进行的协调统一工作,以制定一个《联合国语文框架》,确保(a)整个秘书处和(b)联合国所有六种正式语文的语文学习、教学和评估更加一致,并请秘书长相应地适用该框架要求,并在大会第七十八届会议期间报告这方面的进展情况;

86. 确认语言与沟通培训股协同秘书处其他实体对在联合国内部促进使用多种语文作出主要贡献,为本组织总部和外地的语文需求提供支持,请秘书长确保全面执行现有的语文培训任务,继续提供适应联合国需要的服务,并请秘书长向大会第七十八届会议进一步提供这方面的情况;

六、语文事务工作人员

87. 回顾其 2011 年 12 月 24 日第 66/233 号决议,尤其是其中第三节第 7 段,再次请秘书长确保对各语文服务部门一视同仁,向其提供同等有利的工作条件和资源,以便在充分尊重六种正式语文各自特点的情况下,尽可能提高语文服务质量,在这方面回顾 1999 年 12 月 23 日第 54/248 号决议 D 节第

11 段;

88. 承认秘书长根据大会各项决议为解决替换退休的语文事务工作人员问题所采取的措施,请秘书长保持并加强这些努力,包括加强与语言专家培训机构的合作,以便满足联合国对六种正式语文的需求;

七、在联合国三大支柱内使用多种语文

89. 确认使用多种语文对联合国的三大支柱(即和平与安全、发展和人权)作出贡献;

90. 注意到秘书长在提供有关执行《2030 年可持续发展议程》的多语种信息、技术援助和培训材料方面的工作,并鼓励秘书长在这方面继续努力;

91. 强调指出尽可能以受惠国当地语文提供联合国信息、技术援助和培训材料的重要性,包括通过联合国当地网站予以提供;

92. 表示注意到和平行动问题高级别独立小组的报告所载与使用多种语文有关的建议、秘书长此后的报告以及审查建设和平架构专家咨询小组的报告;

93. 回顾其 2021 年 5 月 24 日第 75/281 号决议,其中核可维持和平行动特别委员会的提案、建议和结论;

94. 表示注意到秘书长报告所述与外地行动有关的持续举措,请秘书长继续他在这方面正在进行的努力,并在不妨碍《宪章》第一百零一条的前提下回顾大会 2012 年 9 月 17 日第 66/297 号决议;

95. 敦促秘书处在现有资源范围内把所有维持和平培训文件翻译成联合国六种正式语文,促使并方便所有会员国,特别是部队派遣国和警察派遣国,以及其他有关机构都能使用这些文件;

96. 请秘书长向大会第七十八届会议提交一份全面报告,说明如何充分执行大会关于使用多种语文的决议;

97. 决定将题为"使用多种语文"的项目列入大会第七十八届会议临时议程。